Habitar la cubierta Dwelling on the Roof

Editorial Gustavo Gili, SA

08029 Barcelona   Rosselló, 87-89. Tel. 93 322 81 61
México, Naucalpan 53050   Valle de Bravo, 21. Tel. 55 60 60 11
Portugal, 2700-606 Amadora   Praceta Notícias da Amadora, Nº 4-B. Tel. 21 491 09 36

Habitar la cubierta
Andrés Martínez
Dwelling on the Roof

GG®

Gracias a Mònica Gili por la confianza depositada en mi persona y en este proyecto, y a Moisés Puente por su cuidadosa labor de edición.

Gracias a mi madre y a mi hermana por todo su afecto y ayuda.

Diseño gráfico:
Sabine Schröder
Pau Aguilar

En cubierta: Riken Yamamoto, Universidad de Saitama, Yokohama, Japón, 1999 © Shinkenchiku-sha

Queda prohibida, salvo excepción prevista en la ley, la reproducción (electrónica, química, mecánica, óptica, de grabación o de fotocopia), distribución, comunicación pública y transformación de cualquier parte de esta publicación —incluido el diseño de la cubierta— sin la previa autorización escrita de los titulares de la propiedad intelectual y de la Editorial. La infracción de los derechos mencionados puede ser constitutiva de delito contra la propiedad intelectual (arts. 270 y siguientes del Código Penal). El Centro Español de Derechos Reprográficos (CEDRO) vela por el respeto de los citados derechos.
La Editorial no se pronuncia ni expresa ni implícitamente respecto a la exactitud de la información contenida en este libro, razón por la cual no puede asumir ningún tipo de responsabilidad en caso de error u omisión.

Printed in Spain
ISBN: 84-252-1989-2
Depósito legal: B. 9.826-2005
Impresión/Printing: Lanoográfica, Sabadell (Barcelona)

A big thank you to Mònica Gili for the confidence shown in my person and in this project, and to Moisés Puente for his painstaking editorial work.

Thanks to my mother and my sister for all their affection and help.

English translation:
Paul Hammond

Graphic design:
Sabine Schröder
Pau Aguilar

Cover: Riken Yamamoto, Saitama University, Yokohama, Japan, 1999 © Shinkenchiku-sha

All rights reserved. No part of this work covered by the copyright hereon may be reproduced or used in any form or by any means—graphic, electronic or mechanical, including photocopying, recording, taping or information storage and retrieval systems—without the written permission of the publisher.
The publisher makes no representation, express or implied, with regard to the accuracy of the information contained in this book and cannot accept any legal responsibility or liability for any errors or omissions that may be made.

© Andrés Martínez, 2005
© Editorial Gustavo Gili, Barcelona, 2005

A la memoria de mi padre

Para Neus

In memory of my father

For Neus

ÍNDICE

PRÓLOGO	8
LOS PRECURSORES. ATEMPORALIDAD Y ARTIFICIO	11
Lo vernáculo como respuesta espontánea	12
El mito clásico	32
1850-1950. LA ECLOSIÓN DEL CAMBIO DE SIGLO	49
El despertar de una tecnología	50
Del higienismo al eugenismo	70
La componente urbana	81
El litigio de la cubierta plana (hipótesis final sobre la forma)	102
La cruzada de la cubierta-terraza	120
LA DERIVA HACIA LA CONTEMPORANEIDAD	135
El paisaje habitual	136
La cubierta con espesor	140
La cubierta peatonal	148
La cubierta verde	156
La terraza escalonada	164
La cubierta-zócalo	170
El ático	176
El campo de juego	184
La cubierta urbana	190
La cubierta como obra de arte	198
BIBLIOGRAFÍA	204
CRÉDITOS FOTOGRÁFICOS	208

CONTENTS

PROLOGUE	**8**
THE PRECURSORS. ATEMPORALITY AND ARTIFICE	**11**
The vernacular as spontaneous response	12
Classical myth	32
1850-1950. THE BLOSSOMING OF THE TURN OF THE CENTURY	**49**
The awakening of a technology	50
From hygienism to eugenics	70
The urban component	81
The dispute about the flat roof (final hypothesis about form)	102
The roof-terrace crusade	120
THE DRIFT TOWARDS CONTEMPORANEITY	**135**
The customary landscape	136
The thick roof	140
The pedestrian roof	148
The green roof	156
The stepped roof	164
The platform roof	170
The penthouse	176
The playground	184
The urban roof	190
The roof as a work of art	198
BIBLIOGRAPHY	**204**
PHOTO CREDITS	**208**

PRÓLOGO

PROLOGUE

"Desde tiempos inmemoriales el hombre ha querido subir a los tejados. Y lo ha hecho cada vez que los climas permitían las soluciones constructivas adecuadas."[1]

"From time immemorial man has wanted to get up onto the roof. And he's done it every time the climate permitted the right building solutions."[1]

Pese a las numerosas reseñas bibliográficas que pueblan los anaqueles bajo el epígrafe "cubiertas", son escasos o casi inexistentes los volúmenes que tratan de la cubierta como un espacio susceptible de ser vivido; sí son abundantes, en cambio, aquellos que de ella se ocupan desde un prisma constructivo o tipológico y, recientemente, son mayoría los que estudian la cubierta verde o ecológica. Pero la cubierta es algo más. Hablar de cubierta es hablar de uso, y así lo han entendido desde los antiguos constructores mesopotámicos a los arquitectos contemporáneos. Así lo defenderemos también en estas páginas, a la vez que trataremos de cubrir con todo el rigor posible este hueco bibliográfico.

No obstante, realicémonos primero dos preguntas que no por obvias son menos necesarias: ¿Qué es la cubierta? ¿Qué es la habitabilidad? Se considera cubierta todo aquel cerramiento superior y exterior del edificio que cubre un lugar habitado, y habitabilidad la capacidad de un espacio de ser vivido y utilizado, no sólo por el hombre, sino por todas las actividades a él asociadas. Con su uso, la cubierta se transforma en un espacio arquitectónico más, con mu-

Notwithstanding the many bibliographical accounts that throng the shelves under the heading "roofs," volumes which discuss the roof as a space capable of being lived on are scarce or almost non-existent; plentiful, though, are those which deal with it from a constructional or typological point of view, with, recently, the bulk of those studying the green or ecological roof. But the roof is something more. To speak of a roof is to speak of usage, and that's the way ancient Mesopotamian builders as well as contemporary architects have understood it. We shall also defend it from this angle in these pages, at the same time as attempting to make up as rigorously as possible for this lacuna in the bibliography.

However, we will first pose two questions that, while obvious, are nonetheless necessary. What is the roof? What is habitability? A roof is the entire upper, exterior enclosure of the building covering an inhabited area, and habitability is the capacity of a space to be lived in and utilized, not only by man but by all the activities associated with him. With its use the roof is transformed into a further architectonic space, with many common areas and, as we shall see, quite a few peculiarities.

chos lugares comunes y, como veremos, con no pocas singularidades.

Como bien avanzara Le Corbusier en 1927, la historia de la ocupación de la cubierta discurre irremediablemente ligada a la de su forma y las soluciones constructivas que a ésta condicionaron. Le Corbusier se refería sin duda a la cubierta plana, y de ella nos ocuparemos principalmente. No obstante, estableceremos como punto de partida que todas las formas son susceptibles de recibir un uso, un aspecto que se irá matizando a lo largo del texto en lo que hemos denominado "hipótesis parciales sobre la forma", hasta desembocar en la "hipótesis final" que pretendemos aclare la equivocada asociación que hoy se tiene entre ambos términos. A todo ello nos ayudará el rico léxico que nos ofrece el castellano, con todo el gradiente de matices que separa a términos como sotabanco, terraza o azotea.

El arco cronológico que se estudia es el de toda la Historia de la Arquitectura. Para poder abarcar lo inabarcable, se ha utilizado una división cronológica premeditadamente descompensada, que coincidirá con los tres capítulos principales. La parte central, y principal, relata a través de episodios temáticos todo lo ocurrido en un siglo, el que discurre entre 1850 y 1950, período en el que se produce un interés sin precedentes por la ocupación de la cubierta. Se estudian las razones y las obras emblemáticas. Precede a esta época, a modo de puesta en contexto, un recorrido rápido por las aportaciones que han llevado a cabo las arquitecturas precursoras, desde lo vernáculo a lo culto en su período clásico. Cierra el volumen, como si se tratara de un catálogo, una revisión que muestra la contribución de los últimos cuarenta años del siglo xx.

Se desea que el género de este libro resulte difícilmente clasificable. Aunque se asienta sobre una base indudablemente histórica, la sucesión

As Le Corbusier would suggest in 1927, the history of the occupation of the roof is irremediably linked to that of its form and the building solutions which conditioned the latter. Le Corbusier was doubtless referring to the flat roof, and we will mainly concern ourselves with this. To begin with, however, we will establish that all forms are capable of being put to a use, an aspect that will receive a nuanced treatment throughout the text in what we've called "partial hypotheses about form," until arriving at the "final hypothesis," which, we hope, will shed light on the mistaken association that is thought to exist today between both concepts: use and form. In this we will be helped by the rich lexicon that Spanish offers us, with all the shades of meaning that separate words like *sotabanco*, *terraza* and *azotea* [respectively attic, terrace and flat roof].

The time curve studied is that of the entire History of Architecture. In order to be able to embrace the unembraceable, a deliberately unbalanced chronological division has been used, coinciding with the three principal chapters. The central, and main, section describes, by means of thematic episodes, all that occurred during a century, the one between 1850 and 1950, a period in which an unprecedented interest is produced in the occupation of the roof. The reasons why are studied along with the emblematic buildings. Prior to this era, and by way of providing some background, a rapid tour of the contributions made by precursory architectures, from the vernacular to the refined in its classical period. Closing the volume, as if it were a catalogue, is a reexamination showing the contribution of the last forty years of the 20th century.

It is hoped that this book is hard to classify, genre-wise. Although its basis is undeniably historical, the sequencing of the account is not always chronological. Neither is it a volume about

1 Le Corbusier, "Théorie du toit-jardin", en *L'Architecture vivante*, otoño-invierno de 1927, pág. 17.

1 Le Corbusier, "Théorie du toit-jardin", *L'Architecture vivante*, Autumn-Winter 1927, p. 17.

del relato no es siempre cronológica. Tampoco constituye un volumen de construcción, teoría o análisis, y, aunque trate de todo ello, es más bien una narración con fines demostrativos. Esperamos que esta aclaración sirva de excusa por las lagunas e imprecisiones que se puedan producir, pero también como un incentivo al lector a realizar una lectura amena: a ello creemos que puede contribuir el carácter temático de los capítulos, los encuentros sucesivos con los hilos argumentales que lo trenzan y la profusión y diversidad del material gráfico.

building technique, theory or analysis, and while it touches on all these things, it is, rather, a narration with demonstrative ends. We hope that this explanation serves as an apology for the lack of precision and the gaps that may be produced, but also as an incentive to readers to enjoy their reading: contributing to this, we believe, is the thematic nature of the chapters, the successive encounters with the lines of argument which weave these, and the profusion and diversity of the graphic material.

Los precursores.
Atemporalidad y artificio

The precursors.
Atemporality and artifice

LO VERNÁCULO COMO RESPUESTA ESPONTÁNEA

THE VERNACULAR AS SPONTANEOUS RESPONSE

EL CLIMA COMO REGLA PRIMARIA

"Lo vernáculo es el trabajo de la gente, los usuarios, sin ayuda de los proyectistas. La arquitectura consciente es la obra de aquellos que proyectan deliberadamente como arte, a menudo para ellos mismos, y, normalmente, para otros."[2]

Desde que Bernard Rudofsky acuñara en la década de 1960 la expresión "arquitectura sin arquitectos", utilizada como título de una exposición y en su catálogo en el Museum of Modern Art (MoMA) de Nueva York, el interés por la arquitectura vernácula no sólo se ha visto incrementado entre los propios profesionales, sino que muchos han sido también los investigadores que han acudido al lenguaje de las fuentes primitivas, origen de muchas de las reinterpretaciones actuales de lo moderno. Algunas de estas inspiraciones son bien conocidas; otras menos. Si miramos un edificio desde la cubierta y su uso, lo vernáculo supone un punto de inicio privilegiado por la transparencia de miras de sus intenciones.

El proyecto vernáculo (o popular, o primitivo, si se consideran como sinónimos tres términos que distan bastante de serlo) tiene su planteamiento de partida en la clásica tríada a que todo arquitecto está acostumbrado a enfrentarse cuando emprende un nuevo ejercicio; esto es: condicionantes climáticos primero, después de lugar y, finalmente, necesidades de uso. Tres factores como datos *a priori* que son la esencia

CLIMATE AS A BASIC PRINCIPLE

"The vernacular is the work of the people, the users, without aid of designers. Conscious architecture is the work of those who design as deliberate art, often for their livings and usually for others."[2]

Ever since Bernard Rudofsky coined the phrase "architecture without architects" in the 1960s, a phrase used as the title of an exhibition (and its catalogue) at the Museum of Modern Art (MoMA) in New York, interest in vernacular architecture has not only gone on increasing among professionals themselves, but many of them have also become researchers who've had recourse to the language of the primitive sources, origin of many current interpretations of the modern. Some of these inspirations are well known; others less so. If we look at a building in terms of the roof and its usage, the vernacular implies a privileged starting point due to the transparent aims behind it.

The vernacular project (or the popular or the primitive one, if three words that are quite far from being so are considered synonyms) has its opening move in the classic triad every architect is accustomed to confronting when he takes on a new intervention; that is, climatic conditions first, location next, and finally necessities of use. Three factors as a priori data that are the essence of the modus operandi of the vernacular

[2] FETHI, ISHAN; WARREN, JOHN, *Traditional Houses in Baghdad*, Coach Publishing House, Horsham, 1982, pág. 21.

[2] FETHI, ISHAN; WARREN, JOHN, *Traditional Houses in Baghdad*, Coach Publishing House, Horsham, 1982, p. 21.

Sobre la azotea del Mexuar (Tetuán, Marruecos).
On the flat roof of El Mexuar (Tétouan, Morocco).

del modo de proceder del constructor vernáculo. De los tres, el que podría considerarse regla primaria es el del clima. Así lo entiende Paul Oliver al encargar el capítulo inicial de la reciente edición de la *Encyclopedia of Vernacular Architecture in the World* al especialista Jeffrey Cook.[3] Cook considera que, en primer lugar, todo fenómeno vernáculo está asociado a una condición climática, al establecer la dualidad "condición climática-respuesta vernácula", una regla que resulta de aplicación universal, pues no tiene ni límite temporal ni espacial. La condición climática dependerá fundamentalmente de la zona geográfica (templada, mediterránea, desértica o tropical), pero también de otros factores como la altitud o la orientación. Sus consecuencias directas serían fundamentalmente dos: precipitaciones y temperatura, dos factores que, apelando al más básico sentido común, son cruciales para ocupar la cubierta desde el exterior. Resulta evidente que a menor lluvia y a mayor temperatura, mejores son las condiciones de habitabilidad del nuevo espacio.

Pero lo más relevante es cómo esta dicotomía entre situación y reacción puede establecer una relación entre la condición climática y la forma. Cook explica cómo se han catalogado cuatro tipos diferentes de cubiertas en la falda alpina que separa Lyón, a 156 m de altitud, de la estación de montaña de Chamonix, a 1.004 m. ¿Podríamos avanzar que a los climas secos y cálidos se responde mediante la cubierta plana y a los más lluviosos, según lo extremo de las temperaturas, con diferentes grados de inclinación?

La aserción es válida en líneas generales, si bien puede matizarse con ejemplos fáciles de encontrar. De hecho, la casa urbana de la parte vieja de Delhi se sitúa en plena zona monzónica, lugar de máxima pluviometría, y en cambio, se remata mediante cubiertas aprovechables en cuenco; unas terrazas, eso sí, donde existen cobertizos inclinados que permiten su uso conti-

builder. Of the three, the factor that might be considered rule number one is climate. This is how Paul Oliver understood it when commissioning the opening chapter of the recent *Encyclopedia of Vernacular Architecture in the World* from the specialist Jeffrey Cook.[3] Cook considers that, for one thing, any vernacular phenomenon is associated with a climatic situation by establishing the duality "climatic situation/vernacular response," a rule that turns out to be universal, since it has no temporal or spatial limit. The climatic situation will largely depend on the geographical zone (temperate, Mediterranean, desert or tropical), but also on such other factors as altitude and orientation. Its direct consequences would be fundamentally two: rainfall and temperature, two factors which, appealing to the most basic common sense, are crucial when occupying the rooftop from the outside. It is obvious that with less rain and higher temperatures the conditions of habitability of the new space are better.

But the major factor is how this dichotomy between situation and reaction can establish a relationship between climatic condition and form. Cook explains how four different types of roof have been catalogued in the Alpine slope which separates Lyons, altitude 156 metres, from the mountain resort of Chamonix, at 1,004 metres. Might we propose, then, that flat roofs respond to warm, dry climates and those with different degrees of inclination, as per the extreme nature of the temperatures, to the rainier sort?

The assertion is valid in general terms, although it may be nuanced with examples that are easy to come across. In fact the urban house in the old part of Delhi is in the middle of the monsoon zone, a place of maximum rainfall, and instead it is surmounted by usable roofs, hollow in shape; terraces, of course, on which there are outhouses that allow for their contin-

---

[3] COOK, JEFFREY, "Climate", en OLIVER, PAUL (ed.), *Encyclopedia of Vernacular Architecture of the World*, Cambridge University Press, Cambridge/Nueva York/Melbourne, 1997, págs. 127-139.

[3] COOK, JEFFREY, "Climate", in OLIVER, PAUL (ed.), *Encyclopedia of Vernacular Architecture of the World*, Cambridge University Press, Cambridge/New York/Melbourne, 1997, pp. 127-139.

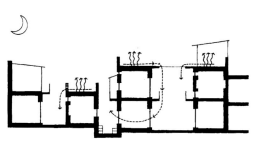

Acondicionamiento natural de la casa mediante terrazas protegidas (casco antiguo de Delhi, India).
Natural ventilation of the house by means of sheltered terraces (old quarter of Delhi, India).

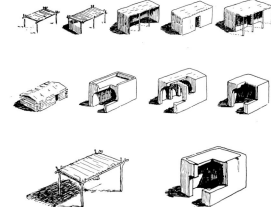

Genealogía de la cubierta plana según Franz Oelmann.
Genealogy of the flat roof according to Franz Oelmann.

nuado en la larga época lluviosa. A su vez, las construcciones de ciertos pueblos del sur de Túnez responden al calor extremo no con el plano sino a través del extradós de unas bóvedas de fábrica, que actúan refractariamente para mantener la inercia térmica del edificio. Existen además ciertos estudios teóricos que contribuyen a sembrar la duda, entre ellos la genealogía que Franz Oelmann establece respecto a la geometría de la cubierta primitiva;[4] el autor no duda en señalar como claro antecedente de la cubierta plana en cubeta la primigenia construcción vegetal a dos aguas. No son pocos entonces los elementos que establecen las bases de una considerable ambigüedad. La asociación entre clima, uso y forma no deja de constituir, al menos de momento, una ciencia poco exacta.

ued use during the long rainy season. In turn the buildings in certain villages in the south of Tunisia respond to the extreme heat not with the flat plane but via the extrados of masonry vaults, which act refractively and maintain the thermal inertia of the building. Theoretical studies exist which contribute to spreading doubt, among them the genealogy Franz Oelmann establishes with regard to the geometry of the primitive roof;[4] the author doesn't hesitate to point to the original vegetal ridge-roof construction as a clear antecedent of the dished flat roof. The elements that establish the bases of a considerable ambiguity are plentiful, then. The association of climate, use and form is still, at least at this point, a most inexact science.

4 OELMANN, FRANZ, *Haus und Hof in Altertum. Untersuchungen zur Geschichte des antiken Wohnhaus*, Kartenbeilage, Berlín, 1927, pág. 63.

4 OELMANN, FRANZ, *Haus und Hof in Altertum. Untersuchungen zur Geschichte des antiken Wohnhaus*, Kartenbeilage, Berlin, 1927, p. 63.

FORMA Y USO SE CONDICIONAN (PRIMERA HIPÓTESIS SOBRE LA FORMA)

Fijémonos ahora en una arquitectura en concreto. Como en muchas otras construcciones de madera características de los Alpes, la granja tradicional de la Selva Negra alemana queda protegida bajo un enorme caparazón de lajas de madera, muchos de cuyos faldones llegan a tocar el suelo. Pero ¿qué ocurre exactamente bajo el cobijo protector? Un análisis comparativo de la sección y la planta depara no pocas sorpresas. Pegada al suelo, y adaptándose a sus desniveles, se desarrolla una arquitectura que alberga las estancias para los hombres y para el ganado: una articulación homotética de habitaciones de diferentes proporciones y alturas (un *Raumplan* primitivo que bien hubiera inspirado a Adolf Loos), con su propio perfil, quebrado y desigual, de coronación; cierra el conjunto una cumbrera tersa de madera con faldones de máxima inclinación. Finalmente entre ambas encontramos un lugar inesperado, un espacio intersticial cuyo suelo es la cubrición de aquella primera arquitectura y que, a su vez, se corona mediante otra estructura. Se trata también de un lugar habitable, accesible y destinado al almacenamiento del grano.

Pero este resquicio de habitabilidad no siempre se halla encerrado bajo geometrías tan contundentes, al contrario, con frecuencia se encuentra en la arquitectura popular (y especialmente en la mediterránea) una gran diversidad de estos espacios "diafragma" o "colchón" parcialmente ventilados y abiertos al exterior. Ignacio Paricio los analiza con acierto en su estudio "Del sobrado al ático,"[5] donde enumera mediante el léxico todas las formas de bajocubierta. Frente a la característica geometría cerrada del desván o la mansarda, contrapone "otras voces [que] derivan de la imagen del desván en la fachada y sugieren formas de bajocubierta más habitables. El banco era la hila-

FORM AND USE CONDITION ONE ANOTHER (FIRST HYPOTHESIS ABOUT FORM)

Let's now concentrate on one kind of architecture in particular. As in many other wooden constructions typical of the Alps, the traditional Black Forest farmhouse in Germany is protected beneath an enormous caparison of wooden shingles, many of whose sides touch the ground. Yet what happens beneath the protective cover in actual fact? A comparative analysis of plan and section presents quite a few surprises. Rooted to the ground, and adapting to the latter's changes of level, a space unfolds which accommodates the living quarters for humans and livestock alike: a homothetic articulation of rooms of different sizes and heights (a primitive *Raumplan* that could have indeed inspired Adolf Loos), with its own crown, irregular and unequal; rounding off the whole is a terse ridge of wood with the steepest of sloping roofs. Lastly, between these two we find an unexpected space, an interstitial bit of room whose floor is the roofing of that first architecture and which is in turn crowned by means of another structure. In fact, it is an accessible, inhabitable space intended for the storing of grain.

This possibility of inhabitability is not, however, always found enclosed beneath such powerful geometries: on the contrary, a wide range of these partially ventilated and outwardly open "diaphragm" or "buffer" spaces are often found in popular architecture (especially the Mediterranean kind). Ignacio Paricio analyses them in his study "Del sobrado al ático,"[5] where he lexically enumerates all the forms of *bajocubierta* [attic space]. To the typical closed geometry of the *desván* [loft or attic] or the *mansarda* [mansard] he counterposes "other words [that] derive from the image of the loft on the facade and suggest more inhabitable forms of attic space. The *banco* was the horizontal course erected on top of

---

5 PARICIO, IGNACIO, *Vocabulario de arquitectura y construcción*, Bisagra, Barcelona, 1999, pág. 29-32.

5 PARICIO, IGNACIO, *Vocabulario de arquitectura y construcción*, Bisagra, Barcelona, 1999, pp. 29-32.

Los faldones de la cubierta pueden llegar a tocar el terreno (granja en la Selva Negra, Alemania)
The sides of the sloping roof may reach as far as the ground (farm in the Black Forest, Germany).

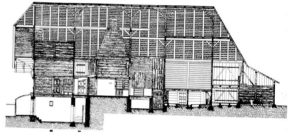

Espacio intersticial entre la cumbrera y las zonas habitables (planta y sección de una granja en Stieg, Suiza).
Interstitial space between the ridge and the inhabitable areas (plan and section of a farm in Stieg, Switzerland).

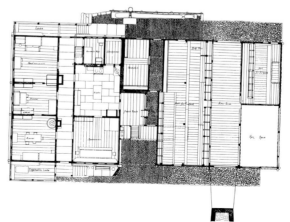

Alpende: "espacio cubierto, abierto y ventilado sobre la última planta" (Castilla, España).
Alpende: "a covered, open and ventilated space on the top floor" (Castile, Spain).

6 *Ibíd*, pág. 31.
6 *Ibid*, p. 31.

da horizontal levantada sobre la cornisa con formas volteadas o adinteladas, y que dio lugar a denominar sotabanco al piso habitable colocado por encima de la cornisa general de la casa; un piso, pues, que se asomaba al exterior a través de los huecos abiertos bajo el banco".⁶

En el mismo sentido se expresa el autor al clasificar voces como "alpende" como un espacio ventilado, no completamente cerrado, bajo el remate final de cubierta. ¿Son estos sotabancos, las mencionadas granjas, aquellos cobertizos indios, en definitiva, espacios similares? Con ellos hemos visto que la cubierta es una entidad compleja, en sus acepciones, en las geometrías y los elementos que la componen y, por tanto, en la manera de utilizarse. Y son precisamente los signos de la vida que en ellos se respiran los que nos llevan a defender la primera hipótesis sobre la forma: la cubierta habitable no responde a una morfología restrictiva ni obligatoriamente es exterior, sino que, en esta primera instancia, a veces se puede asimilar con espacios amorfos, a mitad de camino entre el interior y el exterior.

the cornice with vaulted or straight forms and which gave rise to calling the inhabitable floor positioned above the house's general cornice the *sotabanco* [attic or loft]; a floor, then, which showed itself on the outside through the openings beneath the *banco*."⁶

The author expresses himself in the same sense when classifying words like *alpende* [lean-to roof] as a ventilated, incompletely closed space beneath the very top of the roof. Are these *sotabancos*, then, the farmhouses mentioned above, those Indian outhouses and suchlike similar spaces? With them we have seen that the roof is a complex entity in terms of its meanings, the geometries and the elements that go to form it and, therefore, in its way of being used. And the signs of life respired in them are precisely what lead us to defend the first hypothesis about form: the inhabitable roof does not correspond to a restrictive or necessarily exterior morphology, but rather, in this first instance, it may at times be likened to an amorphous space, midway between interior and exterior.

Morfología del antepecho, M'Zab, Argelia.
Morphology of the parapet, M'Zab, Algeria.

De la misma manera que hemos visto que la forma condiciona el uso, no es menos cierto lo inverso, que el uso condiciona la forma. Un ejemplo relevante lo encontramos en los poblados de adobe del valle del M'Zab, al sur del desierto argelino. Aquí la terraza se vive desde tiempos ancestrales, un uso propiciado por un clima que necesita este espacio como parte fundamental de la vivienda. En la casa tradicional del M'Zab se otorga la misma importancia al patio, "el centro de lo bajo", que a la azotea, que sería "el centro de lo alto".[7] Ésta es una denominación que habla de un sentido figurado o cosmológico, aunque también puramente literal, pues en la terraza se abren todo tipo de volúmenes añadidos, desde locales de servicio hasta un pequeño apartamento para la pareja más joven. No obstante, el elemento más peculiar de esta azotea es su límite: un grueso antepecho de 1,5 m de altura (la altura de la vista humana) perforado por pequeños óculos. El parapeto permite mirar hacia el exterior sin ser visto, protegerse del sol, escrutar la calle desde los óculos y reconducir las brisas. Con este elemento no sólo se establece el umbral de intimidad entre lo privado y lo público, sino que se delimita también una de las principales virtudes de la azotea en la vivienda: poder recrear un espacio doméstico (privado, recogido y protegido), pero también descubierto y al aire libre, desde donde disfrutar de los beneficios del sol, de la brisa o de una noche estrellada.

Otro ejemplo es la casa tradicional tibetana, donde el pretil de adobe tiene también una función relevante. Aunque se levanta apenas medio metro sobre el suelo, sirve tanto para sentarse como para conducir el agua hacia dentro sobre una capa impermeable de arcilla. La terraza sigue actuando como un verdadero "centro de lo alto", un vestíbulo a cielo abierto, distribuidor desde el que se accede, a varias alturas y mediante escaleras de mano de madera, a las diferentes estancias.

Just as we saw that form conditions use, so the opposite is equally true, that use conditions form. We find a pertinent example in the adobe villages of the M'Zab Valley to the south of the Algerian desert. Here the terrace has been used since time immemorial, a use favoured by a climate this space needs as a basic part of the house. In the traditional M'Zab house the same importance is granted to the courtyard, "the centre of what is below," as to the flat roof, which would be the "centre of what is on high."[7] The latter is a designation with a figurative or cosmological, and also purely literal, meaning, since all kinds of added volumes open onto the terrace, from service facilities to a small apartment for the youngest couple. However, the most unusual feature of this flat roof is its perimeter: a stout parapet 1.5 metres high (the height of the human eyeline) perforated by small oculi. The parapet permits you to look out without being seen, to protect yourself from the sun, to scrutinise the street from the oculi and to re-orient the breeze. Not only is the threshold of intimacy between private and public established with this element, but one of the main virtues of the flat roof in the dwelling is also expressed: to be able to recreate a private, secluded and protected domestic space, but one that is also exposed and alfresco, from where to enjoy the benefits of the sun, the breeze and of a starry night.

Another example is the traditional Tibetan house, in which the adobe parapet also has a meaningful function. Although it barely sticks up half a metre above the flat, it serves to sit upon as well as to conduct water within on an impermeable layer of clay. The terrace goes on acting like a genuine "centre of what is on high," an open-air vestibule, a distributor from which you accede, at various heights and via wooden hand ladders, to the different rooms.

[7] La distinción entre "el centro de lo bajo" y "el centro de lo alto" la ha establecido André Ravérau en su libro: *Le M'Zab, une leçon d'architecture*, Sindbad, París, 1981, pág. 128.

[7] André Ravérau established the distinction between the "centre of what is down below" and the "centre of what is on high" in his book *Le M'Zab, une leçon d'architecture*, Sindbad, Paris, 1981, p. 128.

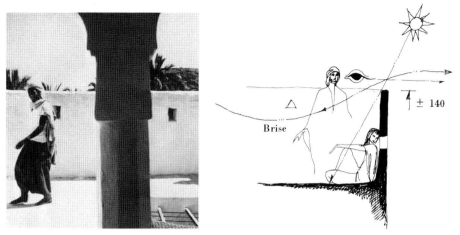

Pretil como elemento de control climático y umbral de la privacidad (M'Zab, Argelia).
Parapet as element of climate control and threshold of privacy (M'Zab, Algeria).

La azotea como distribuidor de la casa (Lhasa, Tíbet).
The flat roof as distributor of the house (Lhasa, Tibet).

Taos (izquierda) y Zuni (derecha), Nuevo México, EE UU: dos *pueblos* a principios del siglo xx.
Taos (left) and Zuni (right), New Mexico, USA: two *pueblos* at the beginning of the 20th century.

USO Y AGRUPACIÓN

Una vez marcadas las pautas domésticas del uso de la cubierta, también se debe considerar el fenómeno vernáculo desde la agrupación de las viviendas. Sólo a través de este prisma se puede entender la arquitectura de los *pueblos* indígenas del estado norteamericano de Nuevo México. El *pueblo* es un fenómeno espontáneo de aglomeración generada por adición: el punto de partida sería la existencia de una célula base de habitación, de proporciones cúbicas, que, según las necesidades de crecimiento de la familia o de la colectividad, se va ampliando, en planta y sección, mediante la superposición de nuevas células. El conjunto resultante es un grupo de viviendas a modo de montaña artificial o panal de abejas, de gran homogeneidad visual y constructiva; a ello contribuyen sin duda la economía de medios y la escasez de madera, que imponen el uso de la cubierta plana y su acabado mediante una capa de arcilla que, al ser moldeable manualmente, tiene un mantenimiento fácil.

USE AND GROUPING

Once the domestic norms of the use of the roof are defined, the vernacular phenomenon must be considered in terms of the grouping of the dwellings. Only through this prism can the architecture of the Pueblo Indians of the North-American state of New Mexico be understood. The *pueblo* is a spontaneous phenomenon of agglomeration generated by addition: the starting point would be the existence of a basic habitation cell, cubic in proportion, which, according to the needs of family or community growth, is gradually enlarged, in plan and section, by the superpositioning of new cells. The resulting whole is a group of dwellings akin to an artificial mountain or honeycomb of tremendous visual and constructional homogeneity; undoubtedly contributing to this is the economy of means and the scarcity of wood, which impose the use of the flat roof and its surface material by using a layer of clay that, by being manually mouldable, is easy to maintain.

La topografía permite utilizar la cubierta de la vivienda inferior (Capileira, Granada, España).
The topography enables the roof of the house below to be used (Capileira, Granada, Spain).

Alcazaba de Argel, Argelia
Citadel in Algiers, Algeria.

8 Sobre las cubiertas de los pueblos véase: CROCKER, EDWARD E., "Earthen Roofs. The Architecture of the Pueblo Peoples in the South Western US", en *Detail*, 40, julio-agosto de 2000, págs. 796-800.

8 On the roofs of the *pueblos* see: CROCKER, EDWARD E., "Earthen Roofs. The Architecture of the Pueblo Peoples in the South-Western US", *Detail*, 40, July-August 2000, pp. 796-800.

Los límites entre lo privado y lo público que se han descrito antes se ven aquí difuminados. La terraza que se obtiene sobre la cubierta plana de la célula inferior adquiere un doble sentido. Al ser el espacio de desahogo y la prolongación natural al aire libre de una vivienda, siempre limitada en sus dimensiones, adquiere un carácter semiurbano (un espacio público no sólo de tránsito, sino un lugar de estancia o de actividades colectivas), gracias a la utilización de las escaleras de mano, que confieren al conjunto una gran flexibilidad y una diversidad de recorridos y usos. Ello constituye un ejemplo que subraya sin duda la unidad en el detalle (la construcción, la célula) y la diversidad en el conjunto (el espacio público) tan propia de lo popular.[8]

Utilizar la cubierta de la vivienda inferior como terraza supone una argucia que sólo es posible gracias a la existencia de una topografía. Mientras que los *pueblos* recrean artificialmente a través de sus propias leyes morfológicas dicha topografía, la

The boundaries between private and public described above are blurred here. The terrace obtained on the flat roof of the lower cell acquires a double meaning. In being the space of relaxation and the natural prolongation towards the open air of a dwelling that is forever restricted in size, it acquires a semi-urban quality (not only a public space of transit but also a place for remaining in and for collective activities), due to the utilisation of hand ladders, which confer great flexibility and a diversity of routes and uses on the totality. It constitutes an element which undoubtedly emphasises unity in detail (the built environment, the cell) and diversity within the whole (public space) so typical of the popular.[8]

Utilising the rooftop of the dwelling beneath as a terrace supposes a subtlety that is only possible thanks to the existence of a topography. While the *pueblos* artificially recreate said topography through their own morphological laws, all

casa de la Alpujarra, en la Sierra Sur de Granada, España, no hace más que adaptarse de forma natural a la pendiente sobre la que se asienta. A esta singularidad del lugar —recordemos que era el segundo de los condicionantes básicos del proyecto vernáculo— se responde en este caso mediante una tipología de planta poco profunda y ancha, en el sentido perpendicular a la línea de máxima pendiente de la ladera. Cada vivienda se prolonga entonces sobre la cubierta de la anterior. Las viviendas y sus terrazas miran todas hacia el valle y ya no son necesarios pretiles ni antepechos; el espacio que se gana queda esta vez a salvo del uso comunitario.

A pesar de adaptarse espontáneamente a la ladera que desciende hacia el puerto, el análisis

the typical Alpujarra house in the Sierra Sur near Granada, Spain, does is adapt in a natural way to the slope on which it stands. In this case one responds to the singularity of the location—remember that this was the second of the basic determining factors of the vernacular project—by means of a floor-plan typology that is shallow and wide in the direction perpendicular to the line of maximum slope of the hillside. Each dwelling is prolonged, then, over the roof of the one before. The houses and their terraces all look towards the valley and parapets and breastworks are no longer necessary; this time, the space that is gained remains safe from community use.

Despite spontaneously adapting to the slope which descends towards the port, analysis of the

La ciudad puede atravesarse sin bajar a la calle (Argel, Argelia).
The city can be crossed without going down to the street (Algiers, Algeria).

de la Medina de Argel aporta nuevos ingredientes de complejidad: la traza de la agrupación no sólo es ahora de mayor tamaño (esta vez sí, con connotaciones claramente urbanas), sino que además responde a la laberíntica geometría de una medina árabe con sus calles, callejones y zaguanes. La casa, a su vez, ya no es un receptáculo de geometría básica, sino una intrincada concatenación de patios, corredores y estancias. En lo alto, cada casa desemboca en la terraza, ya sea sobre su propia azotea o sobre la de las casas vecinas. Se presentan con distintas orientaciones y tamaños, pero todas ofrecen un desahogo a la oscura calle de la medina, una apertura hacia el Mediterráneo y una parte consustancial de la vida de la ciudad. En ellas, las mujeres viven y se relacionan, y huyen del veto impuesto en muchas facetas de la vida pública. Mediante las escaleras que comunican las terrazas de Argel, la ciudad puede atravesarse sin descender a la calle, como así lo han hecho legendarios fugitivos que huían de la justicia o de la represión.[9]

Medina of Algiers furnishes new elements of complexity: the layout of the grouping is not, now, only of greater size (this time, indeed, with clearly urban connotations), but responds, too, to the labyrinthine geometry of an Arab medina with its streets, alleyways and entrances. In turn the house is no longer a receptacle with a basic geometry, but an intricate concatenation of courtyards, corridors and rooms. Up above, each house flows into the terrace, be it on its own flat roof or on that of its neighbours. They appear with varying orientations and sizes, yet all provide an alternative to the dark street of the medina, an opening onto the Mediterranean and a consubstantial part of the life of the city. On them women live and socialise, thus avoiding the veto imposed in many facets of public life. By means of the stairways that link the terraces of Algiers, the city may be crossed without going down to the street, as in fact did many legendary fugitives fleeing from the law or from repression have made it legendary.[9]

9 Como se relata en Deluz, J. J., *L'Urbanisme et l'architecture d'Alger*. Aperçu critique, Pierre Mardaga Éditeur, Lieja, 1988, pág. 24.

9 As related in Deluz, J. J., *L'Urbanisme et l'architecture d'Alger*. Aperçu critique, Pierre Mardaga Éditeur, Liège, 1988, p. 24.

El fragor urbano invade la cubierta en días de fiesta (M'Zab, Argelia).
The urban clamour invades the roof on official holidays (M'Zab, Algeria).

Cocinando en el horno de la azotea (Bagdad, Irak).
Cooking in the oven on the flat roof (Baghdad, Iraq).

CATÁLOGO DE USOS VERNÁCULOS

En este punto nos encontramos ante la posibilidad de establecer un primer catálogo de usos —tercero de nuestros condicionantes— vernáculos de la cubierta. Por razones obvias, el primero sería la actividad agrícola. Bajo los faldones de cubierta y sobre las estancias se ubican los espacios de almacenaje agrícola; a cielo raso el abanico de actividades se amplía: mientras que en las cubiertas de los *pueblos* de Nuevo México se secan los alimentos, en las aldeas del desierto tunecino, y gracias a su peculiar forma convexa, las terrazas se habilitan como lugar donde tratar las manufacturas textiles. En ambos casos se aprovechan de los beneficios del aire fresco y sobre todo del sol.

Si damos un paso más, la azotea es el lugar donde se encuentran los rituales domésticos más básicos y aquellos sociales más simbólicos. La casa tradicional de Bagdad dispone en la cubierta de cocina y horno de leña, y libera el interior del edificio de las molestias de los humos y olores, con el paso de las estaciones, una silenciosa peregrinación, una suerte de nomadismo interno para buscar las mejores condiciones de confort, iluminación y temperatura. Una escala obligada en esta forma nómada de vivir la casa se produce en la azotea, cuando en los meses calurosos se busca el fresco de la noche para conciliar el sueño.

Dormir a cielo raso es una costumbre muy extendida en países como India, donde la terraza se

A CATALOGUE OF VERNACULAR USES

At this point we find ourselves faced with the possibility of establishing a first catalogue of the vernacular uses of the rooftop, use being the third of our determining factors. For obvious reasons the first would be farming activity. Beneath the sides of the roof and above the living quarters are the spaces of agricultural storage; under the open sky the range of activities is extended: while foodstuffs are dried on the rooftops of the *pueblos* of New Mexico, in the small villages of the Tunisian desert, and thanks to their peculiar convex form, the terraces are set up as a place to condition textile products in. In both cases good use is made of the benefits of fresh air and, above all, sunshine.

If we go a step further, the flat roof is the place where the most basic domestic rituals are found, along with other, more symbolic, social ones. On its rooftop the traditional house in Baghdad has a kitchen and a wood-burning oven, thus freeing the inside of the building from the inconvenience of smoke and smells. As in other Middle-East architectures, in the Baghdad house there is, with the passing of the seasons, a silent peregrination, a sort of interior nomadism to seek out the best conditions of comfort, light and temperature. An obligatory stop-off in this nomadic way of experiencing the house comes about on the flat roof, when in the hot months one looks to the freshness of the night in order to sleep.

Sleeping under the open sky is a highly extended custom in countries like India, where the

Durmiendo al raso al borde del Ganges (Benarés, India).
Sleeping in the open beside the Ganges (Vanarasi, India).

Charpoys o camastros sobre una *haveeli* (India).
Charpoys or bedsteads on a *haveeli* (India).

La cubierta de una mezquita sirve como plataforma para la plegaria (M'Zab, Argelia).
The roof of a mosque serves as a platform for prayer (M'Zab, Algeria).

Manufacturas textiles bajo el sol para su secado (Túnez).
Textile products left in the sunshine to dry (Tunisia).

protege del monzón mediante livianos cobertizos, como en el caso de Delhi, o simplemente se coloniza con camastros, como se ha visto en Bagdad. De hecho, todavía hoy estos camastros de cáñamo (*charpoys*) son un elemento distintivo del paisaje indio. Tanto en el campo como en la ciudad, a ras de suelo en la calle o a ras de cielo en la terraza, indios de todas las condiciones parecen disfrutar de un descanso al aire libre que a nosotros nos depararía una más que dudosa comodidad.

terrace is protected from the monsoon by flimsy lean-tos, as in the case of Delhi, or is merely colonised with rickety bedsteads, as has been seen in Baghdad. Even today, in fact, these hemp bedsteads (*charpoys*) are a distinctive feature of the Indian landscape. In both the countryside and the city, at ground level in the street or at sky level on the terrace, Indians of all social classes seem to enjoy a rest in the open air which to us would be of a more than dubious comfort.

La cubierta en India es un lugar de encuentro de muchas otras actividades. En Benarés, a orillas del Ganges, las piras funerarias se montan no sólo al margen del río sobre las escalinatas o *ghats*, sino fundamentalmente sobre las azoteas. El ritual es hoy en día el mismo que en tiempos ancestrales: el cadáver se purifica en las aguas del río sagrado, se construye y se enciende la pira, y cuando ésta se ha consumido, se devuelven las cenizas al agua.

Volviendo al M'Zab, encontramos no sin sorpresa nuevos usos litúrgicos. Ahogada por la densidad de la trama urbana, la mezquita de algunas aldeas del valle argelino no encuentra mejor sitio para las zonas de plegaria que las cubiertas del propio edificio sacro: alrededor del alminar desde el que se llama a la oración y a diferentes niveles, se organizan una serie de terrazas para la plegaria.

Si recuperamos los tres conceptos que se planteaban al comienzo de este capítulo —clima, lugar y uso—, vemos cómo el constructor vernáculo ha sabido dar en cada situación la respuesta adecuada en una sincera y espontánea solución, no exenta de ambigüedad. Todos los ejemplos que se han descrito —que no suponen más que una pequeña selección dentro de lo que sería un amplio catálogo— muestran una manera inmediata de colonizar la cubierta y, por lo general, reacciones directas a las necesidades más básicas; en ningún caso se ha contemplado ni su utilización frugal, ni como mero disfrute (¿o se ha señalado acaso el ajardinamiento de alguna de estas azoteas?). Pero no precipitemos los acontecimientos, de momento.

The rooftop in India is a meeting place for many other activities. In Varanasi, on the banks of the Ganges, funeral pyres are not only mounted on the edges of the river on flights of steps, or *ghats*, but basically on the flat roofs. Today, the ritual is the same as in ancient times: the corpse is purified in the waters of the sacred river, the pyre is built and lit, and when the latter is burnt out the ashes are returned to the water.

Going back to the M'Zab, we find, not without surprise, new liturgical uses. Swallowed up by the density of the urban warp and weft, the mosques in some villages in the Algerian valley have no better place for the prayer areas than the rooftops of the actual building: at different levels around the minaret from which the prayer is declaimed a series of terraces is organised for the faithful.

If we refer back to the three concepts posited at the beginning of this chapter—climate, place and use—we see that in each situation the vernacular builder has managed to give the right response in a sincere and spontaneous solution that is not without ambiguity. All the examples described—which involve no more than a small selection from what is an ample catalogue—are evidence of an immediate way of colonising the rooftop and, in general terms, of direct reactions to the most basic needs; neither its frugal utilisation nor its use as mere enjoyment has been contemplated (or maybe the landscaping of some of these flat roofs has been alluded to?). But let's not rush things right now.

EL MITO CLÁSICO

EL PESO DE LA LEYENDA

Solapándose respecto al *tempo* continuo de la enseñanza vernácula (una enseñanza que no está acotada ni temporal ni espacialmente, un oficio que hoy se sigue practicando), la arquitectura "culta" sí necesita en cambio de una mínima concatenación cronológica de los hechos. El proyecto culto constituirá en este caso el proyecto clásico, pues se abarca desde la lejana Mesopotamia al barroco tardío. Pretender revisar en unas cuantas páginas lo que ocurre en este período inmenso es sin duda una licencia histórica que nos permitiremos tomar, pues, gracias a ella, identificaremos cuáles son las invariantes con las que el mundo clásico responde a la problemática de la cubrición.

Si dentro de esta historia también hay lugar para la leyenda, es en ésta y en su imaginario donde se empiezan a colonizar las deshabitadas cubiertas. ¿Qué otra cosa sino una leyenda son los Jardines Colgantes de Babilonia, de los que no se tiene ninguna prueba arqueológica? Según nos ha llegado relatado, fue a orillas del río Éufrates donde el emperador Nabucodonosor mandó construir, cerca de su palacio, un enorme promontorio de piedra que recreara una montaña artificial. Trataba con ello de aplacar la nostalgia que su esposa Semíramis, originaria del norte montañoso y fértil del país, sentía en la árida llanura mesopotámica. Fueron muchos los viajeros, griegos y judíos, que pudieron (o quisieron) ver la construcción de los jardines, y entre ellos

CLASSICAL MYTH

THE WEIGHT OF LEGEND

Overlapping in terms of the continuous *tempo* of vernacular teaching (a teaching that is delimited neither temporally nor spatially, a skill which continues being practised today), "refined" architecture needs, instead, a minimum chronological concatenation of the facts. In this instance refined design will be classical design, since it extends from remote Mesopotamia to the late Baroque. To hope to re-examine in a few pages what occurs during this immense period is an historical licence we will permit ourselves to take since, thanks to it, we shall identify what the invariants are with which the classical world responds to the roofing issue.

If within this history there is also a place for legend, it is in the latter and in its imaginary that uninhabited rooftops start being colonised. Are not the Hanging Gardens of Babylon, of which there is no archaeological evidence, a legend? According to what has come down to us, it was on the banks of the River Euphrates that the emperor Nebuchadnazzar ordered the building, near to his palace, of an enormous promontory of stone which would recreate an artificial mountain. With it he attempted to assuage the nostalgia his wife Semiramis, a native of the fertile, mountainous north of the country, felt on the arid Mesopotamian plains. There were many travellers, Greeks and Jews, who were able (or wanted) to see the construction of the gardens, the most explicit among them being Diodorus of Sicily, when he ex-

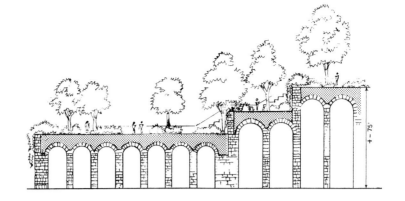

Jardines Colgantes de Babilonia: superposición de galerías reales (según Robert Koldewey).
The Hanging Gardens of Babylon: the placing of royal galleries on top of each other (according to Robert Koldewey).

Diodorus Siculus el más explícito al explicar cómo: "El jardín tenía cien pies de ancho y cien de largo, y fue construido en palcos, de tal modo que se pareciera a un teatro. Se construyeron bóvedas bajo las terrazas ascendentes del jardín que, en este punto, alcanzaba el mismo nivel que el de las murallas de la ciudad [...]. Al estar las galerías superpuestas unas sobre otras y soleadas, contenían muchas estancias reales".[10] Es una descripción que en gran medida coincide con las reconstrucciones gráficas que realizó el arqueólogo Robert Koldewey, o con las representaciones románticas del siglo XVII. En los tres casos, la montaña artificial se construye mediante una superposición de "galerías reales", albergadas en profundos espacios abovedados; unas galerías que se prolongaban sobre las terrazas exteriores ajardinadas, y en las que resulta más creíble que crecieran grandes plantaciones exóticas, irrigadas mediante un complejo sistema de riego, que no los versallescos parterres y estanques que los pintores barrocos quisieron ver. Pero se trata de detalles que poco importan, pues lo verdaderamente relevante (una vez cumplido el requisito que marcamos para definir la cubierta habitable de que "debía cubrir a su vez un espacio habitado", en este caso el de las galerías), es el uso totalmente novedoso que se le otorga: los jardines fueron construidos para el disfrute, para mitigar la añoranza (¿dónde, entonces, se encuentra la verdadera necesidad?), y para ello se elevó a la

plained how "the garden was 100 feet long by 100 feet wide and built up in tiers so that it resembled a theatre. Vaults had been constructed under the ascending terraces which carried the entire weight of the planted garden [...]. And since the galleries projected one beyond the other, where they were sunlit, they contained many royal lodges."[10] It is a description which largely coincides with the graphic reconstructions created by the archaeologist Robert Koldewey, or with 17th-century romantic depictions. In all three instances the artificial mountain is constructed by superposing "royal galleries," housed in deep, vaulted spaces; galleries that were prolonged on top of landscaped exterior terraces, and in which it is more likely that large exotic plantations, irrigated by a complex watering system, were growing, and not the Versaillesque parterres and pools that Baroque painters wished to see. But these are details of secondary importance, since what is really relevant (once the requisite is fulfilled that we pointed to when defining the inhabitable rooftop as being "intended to roof over an inhabited space in turn," in this instance the space of the galleries) is the totally new use accorded it: the gardens were constructed for enjoyment, so as to allay longing (where is the real need to be found, then?), and to do this, which pertained to the ground—water, earth and vegetation—was lifted up to the roof in an exercise in intellectualisation and artifice.

10 Citado en OSMUNDSON, THEODORE, *Roof Garden History. Design and Construction*, W. W. Norton & Co., Londres/Nueva York, 1999, págs. 113-114.

10 Quoted in OSMUNDSON, THEODORE, *Roof Garden History. Design and Construction*, W. W. Norton & Co., London/New York, 1999, pp. 113-114.

Interpretación romántica de los Jardines de Semíramis (según Athanasius Kircher).
A romantic interpretation of the Gardens of Semiramis (according to Athanasius Kircher).

Bajorrelieve de Nínive: templo de coronación en lo alto del zigurat.
Bas-relief from Nineveh: the temple crowning the top of the ziggurat.

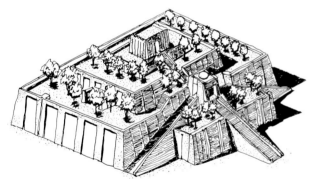

Zigurat de Ur (hoy Muqaiyir, Irak) en la actualidad y en una de sus versiones ajardinadas.
Ziggurat in Ur (today Muqaiyir, Iraq) at the present time and in one of its landscaped versions.

cubierta, en un ejercicio de intelectualización y artificio, aquello que pertenecía al suelo —agua, tierra y vegetación—.

No obstante, son numerosas las voces que no han querido reconocer en los Jardines de Semíramis más que la existencia de un zigurat. El zigurat, construcción mesopotámica por excelencia, puede investigarse y documentarse arqueológicamente, pues incluso algunos de ellos quedan en pie. El que mejor se conserva es el zigurat de Ur (construido entre los siglos XXII y XXV a. de C., fecha anterior a la que se da a los jardines: 500 a. de C.) y es también una construcción de plataformas superpuestas que, en vez de organizarse como un anfiteatro, giran sobre sí mismas hasta que adoptan las cuatro orientaciones. Al contrario que en los jardines, parece tratarse de una masa monolítica, a pesar de las dudas que todavía existen sobre la habitabilidad de algunas cavidades de su base.

Desmintiendo ciertas hipótesis que sostenían el ajardinamiento de las plataformas del zigurat, el arqueólogo André Parrot insiste en que su función es exclusivamente votiva, como así lo demuestran vestigios cerámicos del siglo VII a. de C., en los que el carácter sagrado del recinto aparece representado por dos cuernos de animales en su parte superior. La evolución comienza con dos peldaños, a los que sucesivamente se van añadiendo una serie de plataformas de mayor dimensión: "A partir del final del IV milenio y de la segunda mitad del III se acentúa este encumbramiento, y el sistema más racional consiste evidentemente en multiplicar estos peldaños [...]. [En Ur], tres escaleras aseguraban la subida a las terrazas y, todavía hoy, al contemplar los largos tramos de graderío bastante bien conservados, pueden evocarse las cohortes de sacerdotes, subiendo y bajando, con ocasión de las ceremonias que les llevaban a oficiar en el templo sustentado por la torre entera y construido sobre el tercer peldaño".[11]

Having said that, many are the voices that have wished to see in the Gardens of Semiramis the existence of a ziggurat, and nothing more. The ziggurat, a Mesopotamian construction par excellence, can be archaeologically investigated and documented, since some of them are still standing. The best preserved is the ziggurat of Ur (built between 2200 and 2100 BC, a date before that given to the gardens, 500 BC) and it is also a construction of superposed platforms that instead of being organised like an amphitheatre gyrate upon themselves until they adopt the four cardinal directions. Unlike the gardens, it seems to be a monolithic mass, *pace* the doubts that still exist about the habitability of certain hollow spaces in its base.

In giving the lie to certain hypotheses which argued for the landscaping of the ziggurat's platforms, the archaeologist André Parrot insists that its function is exclusively votive, as demonstrated by ceramic relics from the 7th century BC in which the sacred nature of the space is represented by two animal horns in their upper area. The evolution commences with two steps, to which are successively added a series of larger platforms: "From the end of the fourth millennium and the second half of the third this loftiness is accentuated, and the most rational system obviously consists in multiplying these steps [...]. [In Ur] three stairways provided for the climb to the terraces, and even today, when contemplating the long, reasonably well-preserved stretches of terracing, we may imagine the cohorts of priests ascending and descending during the ceremonies they were called on to officiate over in the temple sustained by the entire tower and built on the third step."[11]

Its religious use seems unquestionable, then, and the landscaping is no more than a bit of licence. The symbolic weight of the last of the platforms is clear, moreover; a place, the ziggu-

11 PARROT, ANDRÉ, *La Tour de Babel*, Cahiers d'archéologie biblique, Neuchâtel, 1953; (versión castellana: *La Torre de Babel*, Garriga, Barcelona, 1962, pág. 36).

11 PARROT, ANDRÉ, *La Tour de Babel*, Cahiers d'archéologie biblique, Neuchâtel, 1953.

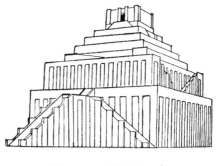
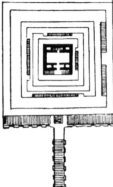

Hornacinas en los muros de la Torre de Babel (reconstrucción del proyecto Busnik).
Niches in the walls of the Tower of Babel (Busnik Project reconstruction).

El uso religioso parece entonces indudable, y el ajardinamiento no constituye más que una licencia. Resulta clara, además, la carga simbólica de la última de las plataformas; un lugar, el más alto del zigurat, que en sí mismo constituye un altar, el lugar de veneración; una embrionaria cubierta utilizada por los fieles y habitada, quizá, por los dioses.

Si existe otra cubierta mítica y legendaria, ésta es sin duda la Torre de Babel. La confusión en torno a la verdadera existencia de Babel es, si cabe, más pronunciada que la que rodea a los Jardines Colgantes de Babilonia. Si bien sólo se nombra en unos breves versículos del *Génesis*, han sido numerosos los relatos e iconos que a su alrededor han creado un nada científico halo de misterio. No hay duda de que a Parrot le gustaban los ejercicios de equilibrismo; acercar la leyenda de Babel a la fehaciencia arqueológica era una arriesgada opción. En su libro *La Torre de Babel* sostiene —mediante la ciencia, pero también mediante la teología— que la torre sin

rat's highest, which is in itself an altar, the place of veneration; an embryonic roof used by the faithful and inhabited, perhaps, by the gods.

If another mythical and legendary roof exists, it is without doubt the Tower of Babel. The confusion around the genuine existence of Babel is more pronounced, if such is possible, than that surrounding the Hanging Gardens of Babylon. Even though it is only named in a few brief verses in the *Book of Genesis*, the tales and images that have created a far from scientific aura of mystery around it are numerous. That Parrot liked walking a tightrope is beyond doubt; reconciling the Babel legend with archaeological authenticity was a risky option. In his book *La Tour de Babel* he claims—by recourse to science, but also to theology—that the tower doubtless existed, that its form was that of a ziggurat, and its function, therefore, that of venerating the gods: "[a tower] on which another one was erected, and on top of that a further one, and so on until there were eight towers, always

La cubierta habitable formando un helicoide sin fin
(La Torre de Babel según Pedro Brueghel *El viejo*).
The inhabitable roof forming an endless spiral (The Tower of Babel according to Pieter Brueghel the Elder).

duda existió, que su forma era la de un zigurat y su función, por tanto, la de venerar a los dioses: "[una torre] sobre la que se levantaba otra, y sobre ésta de nuevo otra, y así hasta ocho torres, siempre una sobre otra [...]. En la última torre hay un gran templo y dentro del templo un gran lecho".[12]

Siguiendo su escuela trabajaron sus colegas del proyecto Busnik, que finalmente cuajaron una representación que mucho tenía que ver con la construcción sagrada mesopotámica —terrazas superpuestas, tres rampas de acceso, templo en la coronación—, pero con una salvedad: según el grupo Busnik, las paredes de Babel no eran monolíticas, sino que estaban perforadas por una sucesión de hornacinas, en lo que aquí intuimos como un guiño a una posible habitabilidad.

Hace falta recurrir a Pedro Brueghel el *Viejo* para corroborar esta hipótesis. En su conocida representación de la Torre (que resulta ser la imagen universal que todos guardamos de ella), se abren infinidad de puertas y ventanas en los lienzos verticales; huecos que delatan la existencia de un interior horadado que el pintor flamenco se encarga de descubrir gracias al estado de semiconstrucción (o semidestrucción, quizá) en que se encuentra el monumento. Todas estas aperturas desembocan en la gran rampa, donde viven y se mueven infinidad de personajes de todo tipo. El juego de las tres rampas se ha convertido ahora en el de una sola que, mediante un giro helicoidal, asciende hacia la coronación inacabada, quizá hacia el cielo o hacia el infinito. Una cubierta (la rampa) habitable, habitada e interminable, que simboliza fundamentalmente la idea de ascenso, y que transmite de nuevo la intencionalidad, el artificio y la búsqueda de un nuevo lenguaje.

one on top of the other [...]. On the last tower there is a great temple and within the temple a great bed."[12]

Following his line of thinking, his Busnik project colleagues finally came up with an image that has a lot to do with the sacred Mesopotamian building—superposed terraces, three access ramps, a temple at the crown—but with one reservation: according to the Busnik group the walls of Babel were not monolithic but perforated by a succession of vaulted niches, in what we intuit here as a knowing wink at a potential habitability.

It's necessary to look to Pieter Breughel the Elder to corroborate this hypothesis. In his famous depiction of the Tower (which turns out to be the one image that all of us retain of it) an infinite number of doors and windows are set into its vertical faces; empty spaces that betray the existence of a worked interior which the Flemish painter undertakes to reveal thanks to the state of semi-construction (or semi-destruction, perhaps) in which the monument finds itself. All these apertures give onto the great ramp, on which vast numbers of people of all kinds live and move about. The set of three ramps has become one, which, due to its spiralling, ascends to the unfinished crown, perhaps to the sky or to infinity. An inhabitable, inhabited and interminable roof (the ramp) that basically symbolises the idea of ascent and which transmits the will of artifice, the intentionality and also the search of a new language.

12 *Ibíd.* pág. 19.
12 *Ibid.*, p. 19.

 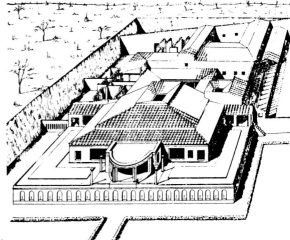

El jardín elevado en la villa romana sobre podio (Villa de los Misterios, Pompeya, Italia).
The raised garden in the villa on a podium (Villa of the Mysteries, Pompeii, Italy).

EL LEGADO, DE LA ANTIGÜEDAD AL BARROCO

De la mano de los arqueólogos recalamos ahora en una realidad bastante más palpable: en Pompeya se halla la Villa de los Misterios, rescatada de la lava del Vesubio, como toda la ciudad, y en un estado de excelente conservación. Como en la tradicional villa romana, la Villa de los Misterios tiene en su centro un atrio y un *impluvium*; pero la vida ya no gira en torno a dicho patio, sino que el centro de gravedad se traslada a la terraza, en uno de los escasos ejemplos de "villa sobre podio"[13] de que se tiene constancia. Un podio que se alza sobre un peristilo profundo (que se adivina tras los arcos cegados de las fotografías actuales y que resultaba ser el lugar de paseo y reposo a la sombra en los meses calurosos), y que, al abrazar la segunda planta de la casa mediante su peculiar forma en U, se convierte otra vez en la prolongación a nivel de las estancias interiores. Pero la finalidad de esta terraza no era sólo doméstica, sino que gracias a su ubicación privilegiada constituía un mirador sobre el Mediterráneo

THE CLASSIC LEGACY, FROM ANTIQUITY TO THE BAROQUE

Guided by the archaeologists, we now broach a somewhat more palpable reality: in Pompeii there exists the Villa of the Mysteries, salvaged from the lava of Vesuvius, like all the town, and in an excellent state of preservation. As in the traditional Roman villa the Villa of the Mysteries has at its centre an atrium and an *impluvium*; yet life no longer revolves around this atrium, but instead the centre of gravity shifts to the terrace, in one of the few examples of a "villa on a podium"[13] we have evidence of. A podium that stands on a deep peristyle (which is intuited behind the blind arches in current photographs and proved to be the shady spot for strolling and resting in during the hot months), and which, by taking in the second floor thanks to its odd U-shape, once more becomes a prolongation at the level of the interior rooms. The purpose of this terrace wasn't only domestic, however, because due to its privileged siting it formed a viewing platform over the Mediterranean from which one enjoyed the views that opened

13 Tipología analizada, aprovechando este ejemplo, en JASHENKI, WILHEMINA F., *The Gardens of Pompeii*, Caratzas Brothers Publishers, Nueva York, 1979, págs. 317-318.

13 A typology analysed, by using this example, in JASHENKI, WILHEMINA F., *The Gardens of Pompeii*, Caratzas Brothers Publishers, New York, 1979, pp. 317-318.

desde el que se disfrutaba de las vistas que se abrían sobre el golfo de Nápoles. Asimismo, mediante los moldes obtenidos por los arqueólogos para identificar las raíces, se ha comprobado que sobre su superficie se asentaba un jardín, a la vez un lugar de solaz descanso y de experimentación ornamental.

Por el contrario, la intención del jardín que corona la Torre Giunigi en Lucca es más ambigua. Elevar unos robles a 120 m de altura sobre el delgado perfil de una torre defensiva es un flaco favor a su supuesta función primitiva, pues la condena como atalaya y la hace objeto visible desde la lontananza. A pesar de que la cúspide se pueda alcanzar a través de una escalera interior, tampoco cabe pensar que en las estrecheces de tan inverosímil jardín se pudiera superar el vértigo, en caso de querer hallar en él algo de sosiego. No obstante, consideremos el ejemplo como un caso in extremis en que un constructor atrevido utiliza el jardín para saciar su anhelo de subir lo más alto posible, de conquistar las alturas.

Pero, ¿qué ocurre con el jardín colgante cuando el arquitecto clásico planea intervenir en la ciudad? Es Leonardo da Vinci quien nos ofrece la respuesta más interesante en su *Manuscrito de París* para la reforma de Milán (1487-1490). En la villa urbana, el jardín se sitúa de nuevo en lo alto de un podio que se alza, esta vez, sobre los espacios abovedados de las galerías de servicio. La planta noble actúa, por sus proporciones, como el verdadero lugar urbano de la casa, pero también por el marcado sentido longitudinal con que queda enfatizada. La cubierta jardín, con la que se comunica por detrás, no constituye más que su desahogo, un lugar arquitectónicamente introvertido, al contrario que la otra cubierta habitable que Leonardo dibuja en el *Manuscrito de París*. En otro croquis, un trazo indeciso deja entrever la existencia de una galería longitudinal en la azotea, un lugar —estancia o de paseo— que pare-

out over the Bay of Naples. Likewise, by means of the moulds obtained by the archaeologists for identifying the roots, it has been shown that on its surface there was a garden, at once a place of recreation and relaxation and of ornamental experimentation.

Meanwhile, the intention of the garden that crowns the Giunigi Tower in Lucca is more ambiguous. To grow oak trees 120 metres up on top of the slender form of a defensive tower does very little for its purported original function, since it condemns it as a watchtower and renders it highly visible from a distance. Notwithstanding the fact that the top can be reached via an interior staircase, you might think that in the crampedness of such a garden you might be able to overcome your vertigo, should you seek to find peace in it. That said, let's consider this example as a case in extremis of a daring builder using a garden to assuage his longing to climb as high as can be, to conquer the heights.

But what happens to the hanging garden when the classical architect plans to intervene in the city? Leonardo da Vinci, it is, who provides us with the most interesting response in his *Paris Manuscript* for the remodelling of Milan (1487-1490). In the urban villa the garden is once again situated on the top of a podium, this time on the vaulted spaces of the service galleries. Because of its proportions, and also because of the distinct longitudinal direction with which it is emphasised, the first floor acts as the true urban locus of the house. The roof garden, with which it intercommunicates by behind, is no more than its relaxation area, an architectonically introverted spot, most unlike the other inhabitable roof Leonardo draws in *The Paris Manuscript*. In another sketch an indecisive line allows one to glimpse the existence of a longitudinal gallery on the flat roof, a place—of residence or of passage—that seems to have no relationship to the rest of the building.

Robles añejos en lo alto de una torre defensiva (Torre Giunigi, Lucca, Italia).
Aged oak trees on the top of a defensive tower (Giunigi Tower, Lucca, Italy).

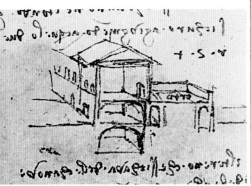 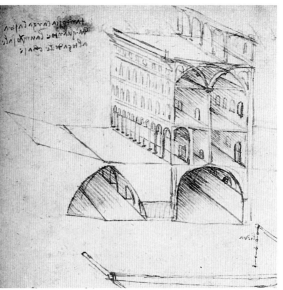

Leonardo da Vinci, *Ciudad de dos niveles* (*Manuscrito de París*, 1490): el jardín colgante detrás de la villa urbana (izquierda) y la galería de paseo sobre la azotea (derecha).
Leonardo da Vinci, City on Two Levels (*Paris Manuscript*, 1490): the hanging garden to the rear of the urban villa (left) and the gallery-cum-walkway on the flat roof (right).

ce no tener relación con el resto del edificio. Es conocida la manera en que Leonardo da Vinci abandonaba sin acabar muchas de sus propuestas, y las urbanas no constituyen ninguna excepción. Se explica así que la disección efectuada sobre el esqueleto funcional y espacial de la villa no resulte del todo coherente, aunque queda latente su preocupación por la importancia de la cubierta habitable en este rompecabezas.

La problemática urbana no debió de ser en cambio lo que más preocupó a Johann van Lamberg al proyectar la azotea de la residencia del Obispo de Passau, Alemania (hacia 1705). Encontramos lugares comunes a los ejemplos ya revisados (la azotea como paseo y como mirador sobre el valle del Inn), pero este caso introduce elementos característicos del proyecto romántico: los previsibles jardines y sus recorridos entre parterres así como la definitiva sublimación del juego del agua en sus estanques y fuentes (ejercicio que hubiera supuesto, sin duda, un difícil reto para los ingenieros). Pero el proyecto barroco no

The way in which Leonardo da Vinci left many of his schemes unfinished is well known, and his urban schemes are no exception. This explains why the dissection performed on the functional and spatial skeleton of the villa is not totally coherent, although his preoccupation with the importance of the inhabitable roof remains latent in these brainteasers.

The urban problematic, on the other hand, was not what most preoccupied Johann van Lamberg when planning the flat roof of the residence of the Bishop of Passau in Germany (around 1705). We find commonplaces in the already revised examples (the flat roof as walkway and as vantage point over the Inn Valley), but this case introduces elements typical of the romantic project: the predictable gardens and their itineraries between parterres, as well as the definitive sublimation of the water-feature in its pools and fountains (an exercise that would doubtless have involved a difficult challenge for the engineers). Yet the Baroque project seeks

sólo pretende ajardinar, sino, sobre todo, recrear, más que crear, un espacio arquitectónico.

Con la azotea volcada hacia el valle, se hacía necesario acotarla en su retaguardia, donde se levantan falsas fachadas en sucesivos planos retranqueados a modo de decorados teatrales, que incluso simulan el ritmo de la fenestración del edificio original. No falta tampoco el inevitable trampantojo, engaño pictórico mediante el cual una imposible perspectiva prolonga las geometrías de los parterres hacia un inexistente punto de fuga. En Passau aparece por primera vez la azotea convertida en un lugar arquitectónico con entidad propia, donde no podemos ocultar la sorpresa (y la alegría) de constatar que su autonomía espacial viene única y exclusivamente provocada por la voluntad de hacerla practicable.

not only to landscape but above all to recreate, rather than create, an architectural space.

With the flat roof projecting out over the valley, it became necessary to delimit it to the rear, where false facades are erected in staggered planes akin to theatre flats, which even simulate the rhythm of the original building's fenestration. Neither is the inevitable sleight of hand lacking, a pictorial trick by means of which an impossible perspective prolongs the geometry of the parterres towards a non-existent vanishing point. In Passau the flat roof appears for the first time as an architectural locus with its own substance, in which we cannot hide the surprise (and the joy) of noting that its spatial autonomy is uniquely and exclusively brought about by the wish to make it useable

Johann van Lamberg (*ca.* 1705): trampantojos teatrales detrás de una cubierta barroca.
Johann van Lamberg (c. 1705): theatrical trompe l'oeil to the rear of a Baroque roof.

LA *ALTANA* (SEGUNDA HIPÓTESIS SOBRE LA FORMA)

En 1725, Paul Jakob Marpinger, jefe de construcción de Dresde, propugnaba en un bando la introducción universal de la cubierta plana, que él llamaba *altana*. Entre las razones esgrimidas aparecen argumentos curiosos y frases que premonitoriamente anunciaban, con dos siglos de antelación, postulados que acabarían defendiendo las primeras vanguardias del siglo XX: "[se trata] de un ahorro considerable de madera y la consiguiente reducción del peligro de incendio; [entraña] ventajas en caso de plagas, pues cada propietario puede disponer a sus enfermos en lo alto de la casa [...] de modo que queden separados de las personas sanas; [...] [permite además] la posibilidad de instalar jardines colgantes, donde tender la ropa, llevar a cabo las labores ruidosas o malolientes, pero también disfrutar de los buenos momentos con los amigos; [sirve, por fin] al estudio y meditación de los intelectuales, que en lugar más cercano al cielo y a las estrellas se sienten más inspirados respecto a los rincones más lúgubres a los que quedan ahora relegados".[14]

Según Marpinger la *altana* se convertía no sólo en la solución a muchos males de la construcción, sino también en un factor determinante para lograr una deseada homogeneización en el perfil urbano de Desde.

Seguramente Marpinger desconocía que en otra ciudad europea ya existían *altana* desde hacía tiempo, aunque no estrictamente en el sentido en que él las explicaba, pues morfológicamente la *altana* veneciana poco o nada tiene que ver con la alemana, aunque sí en su uso, pues ambas son azoteas habitables.

En Venecia, la *altana* se encuentra fundamentalmente en los palacios urbanos del centro de la ciudad, aunque algunos autores han querido buscar su origen en ciertas arquitecturas vernáculas

THE *ALTANA* (SECOND HYPOTHESIS ABOUT FORM)

In 1725 Paul Jakob Marpinger, head of building in Dresden, advocated in an edict the general introduction of the flat roof, which he called the *altana*. Among the reasons bandied about, there appear curious arguments and phrases which prophetically announced, two centuries in advance, postulates that the first avant-gardes of the 20th century would end up defending: "[it is a question of] a considerable saving of wood and the consequent reduction of the danger of fire; [it has] advantages in the event of plagues, since each owner may place the sick in the top part of the house [...] so that they remain separate from healthy persons; [...] [it also allows for] the possibility of installing hanging gardens in which to peg out the washing, to do the noisy and malodorous chores, but also to enjoy special moments with one's friends; [it serves, finally] for the study and meditation of the intellectuals, who in a spot closer to the sky and the stars feel more inspired than in the more lugubrious corners they are now relegated to."[14]

According to Marpinger, not only was the *altana* converted into the solution to many of the evils of building but it also became a key factor in arriving at the wished-for homogenisation of Dresden's urban skyline.

Probably, Marpinger didn't know that in another European city *altana* had already existed for some time, although not strictly in the sense in which he explained them, since morphologically speaking the Venetian *altana* has almost nothing in common with the German, apart from in its usage, since both are inhabitable flat roofs.

In Venice the *altana* is basically found in the urban mansions of the centre of the city, although some authors have sought to find its origin in certain of the Lagoon's vernacular ar-

---

14 Según se relata en Busse, Hans Busso Von *et al.*, *Atlas Flache Dächer. Nutzbare Flächen*, Institut für internationale Architektur-Dokumentation, Múnich, 1992.

14 As pointed out in Busse, Hans Busso Von *et al.*, *Atlas Flache Dächer. Nutzbare Flächen*, Institut für Internationale Architektur-Dokumentation, Munich, 1992.

Terraza en Würzburg, Alemania: "[Sirve…] al estudio y meditación de los intelectuales, que en lugar más cercano al cielo y las estrellas se sienten más inspirados".
Terrace in Würzburg, Germany: "[It serves…] for the study and meditation of the intellectuals, who in a spot closer to the sky and the stars feel more inspired."

Beschreibung
des grossen Vorzugs, welchen die sogenannten
ALTANEN
Vor denen biß hieher gewöhnlich gewesenen und mit überflüßigen Holtz versehenen Hauß-Dächern haben,

Wobey zugleich gewiesen wird/

Daß dem gemeinen Wesen, sonderlich aber der Policey und einem jeden Stadt-Einwohner insonderheit, höchst daran gelegen sey, daß dergleichen schwere und leichtlich Feur-fangende Hauß-Dächer nach und nach abgeschaffet, und zum wenigsten die neu zu erbauende Häuser mit Altanen an statt der Dächer zu versehen, durch öffentliche Mandata verordnet werde.

Portada del tratado de Paul Jakob Marpinger sobre las ventajas de las *altane* (Dresde, 1725)
Cover of Paul Jakob Marpinger's treatise on the advantages of *altane* (Dresden, 1725).

de la Laguna.¹⁵ Se trata de una plataforma que se eleva sobre la cubierta inclinada a la que se accede, por unos escalones, desde un ventanuco abierto en las habitaciones del bajocubierta. La *altana* es totalmente de madera (suelo de tablones que facilitan el drenaje, barandillas y pérgolas de listones) para aligerar el peso a transmitir a las pilastras de ladrillo, que a su vez descansan, atravesando el faldón de teja, sobre los muros de carga del edificio. Aunque la función original de la *altana* veneciana fuera habilitar un lugar para secar la ropa, pronto se convirtió, sobre todo en las casas de la aristocracia, en algo muy similar a los *solariums* de la modernidad, "[un lugar donde] tomar el fresco en las tardes de verano, decolorarse el pelo (por entonces un pasatiempo muy a la moda), o simplemente [donde] sentarse fuera y conversar; muchas casas y apartamentos de la ciudad no tenían jardines, ni patios, y el único lugar en que uno podía respirar aire fresco en la privacidad [...] era aquí, en la cubierta, entre las chimeneas".¹⁶

Sometida a interesantes reinterpretaciones por parte de la arquitectura moderna, la *altana* sigue siendo, aún hoy, el elemento característico de la imagen de la cubierta veneciana, y lejos de haberse convertido en un mero añadido decorativo, conserva prácticamente los mismos usos originales, aquellos que contribuyen a mantener su presencia. Gracias a la *altana* podemos precisamente ahora enunciar la segunda hipótesis sobre la forma: al abandonar los intersticios y traspasar la membrana de la cubrición, se descubre que el faldón exterior, la tradicional cubierta inclinada, es también un lugar que, pese a la geometría (o quizá gracias a jugar con ella) puede utilizarse. A partir de ahora, tendrán que discurrir al menos dos siglos por estas páginas hasta que seamos capaces de pergeñar la tercera y definitiva hipótesis sobre la forma.

chitectures.¹⁵ It is a platform soaring above the inclined roof, a platform to which you accede via stairs from a small window open in the rooms of the attic space. The *altana* is completely of wood (a floor of boards which facilitate the drainage, handrails and pergolas of wooden battens) in order to lighten the weight being transmitted to the brick piers, which, transpiercing the side of the tiled roof, rest in turn on the building's load-bearing walls. Although the original function of the Venetian *altana* was to provide somewhere to dry the washing in, it was soon transformed, mainly in the houses of the aristocracy, into something very like the solariums of Modernism, "[a place for] taking the air on summer evenings, for bleaching one's hair (once a very fashionable pastime), or for simply sitting outside and conversing. Many houses and apartments in the city and its larger satellites had no gardens or even courtyards, and so the only possible place in which one could breathe fresh air in privacy [...] was here, on the roof among the chimneys."¹⁶

Submitted to interesting reinterpretations by modern architecture, the *altana* goes on being, even today, the feature typical of the image of the Venetian roof and, far from having been converted into a mere decorative extra, it all but retains the same original uses, being these uses a contribution to mantaining its existance. Thanks to the *altana* we can in fact now state the second hypothesis about form: in abandoning the interstices and going beyond the roofing membrane, it is discovered that the exterior siding, the traditional inclined roof, is also a spot that in spite of its geometry (or perhaps because of playing with it) can be utilised. From now on, at least two centuries will have to flow by through these pages until we are capable of coming up with the third and definitive hypothesis about form.

15 GOY, RICHARD J., *Venetian Vernacular Architecture. Traditional Housing in the Venetian Lagoon*, Cambridge University Press, Cambridge, 1989, págs. 53-54.
16 *Íbíd*. págs. 53-54.

15 GOY, RICHARD J., *Venetian Vernacular Architecture: Traditional Housing in the Venetian Lagoon*, Cambridge University Press, Cambridge, 1989, pp. 53-54.
16 *Ibid*, pp. 53-54.

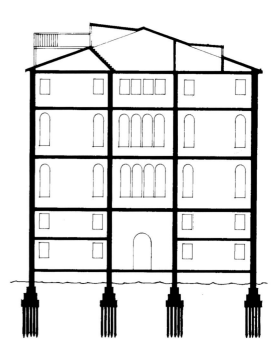

La *altana* veneciana: arquitectura ligera para hacer utilizable la cubierta inclinada.
The Venetian *altana*: lightweight architecture to render the sloping roof usable.

1850-1950.
La eclosión del cambio del siglo

1850-1950.
The blossoming of the turn of the century

EL DESPERTAR DE UNA TECNOLOGÍA

EL ASCENSOR, INVERSOR DEL ESTATUS SOCIAL

Al despertar del letargo de los siglos dorados, y a mediados del siglo XIX, la arquitectura, y con ella la cubierta, iba a sufrir una considerable convulsión. Si nos mantenemos alejados de los avatares tipológicos o estilísticos, deberemos estar ahora atentos a las razones e ideales que, a lo largo de aproximadamente un siglo (1850-1950), llevaron a una reconsideración radical de la casuística de la cubierta y su uso. Es la época en la que se inicia la Revolución Industrial, que no sólo transformará los métodos de producción, sino que tendrá un gran impacto en la evolución de la arquitectura por sus connotaciones tecnológicas, sociales y urbanas.

Dentro de las transformaciones de la Revolución Industrial, hay que señalar fundamentalmente tres: la configuración interna del inmueble, la aparición de la máquina de transporte y su impacto en el imaginario arquitectónico y, por último, la revolución que sufren los materiales y los métodos constructivos del edificio en general y de la cubierta en particular.

En su proyecto Aérodômes (1867) para la transformación de los barrios insalubres del centro de París, el utopista francés Henri-Jules Borie planteaba una serie de bloques de once plantas de altura que se comunicaban verticalmente mediante "habitaciones móviles". Se trataba, sin duda, de prototipos del primitivo ascensor, que Borie decía haber conocido poco tiempo atrás en el Gran Hotel de París, una "pequeña habitación

THE AWAKENING OF A TECHNOLOGY

THE ELEVATOR, INVERTER OF SOCIAL STATUS

In awakening from the lethargy of the golden age, and in the middle of the 19th century, architecture, and with it the roof, was to undergo a considerable upheaval. If we keep ourselves at a distance from typological or stylistic changes, we shall now have to be mindful of the reasons and ideals that for approximately a century (1850-1950) led to a radical reconsideration of the casuistry of the roof and its use. This is the era in which the Industrial Revolution commences, a revolution that would not only transform production methods but have a huge impact on the evolution of architecture, due to its technological, social and urban connotations.

Of all the changes within the Industrial Revolution, basically three must be stressed: the internal layout of the apartment house; the appearance of the machine for transport and its impact on the architectonic imaginary; and lastly the revolution that building materials and methods undergo in general, and those of the roof in particular.

In his *Aérodômes* project for the transformation of the insalubrious quarters in the centre of Paris (1867), the French utopian Henri-Jules Borie proposed a series of blocks eleven storeys high which intercommunicated vertically by means of "mobile rooms." He was doubtessly referring to a sort of prototype of the primitive elevator, which Borie claimed to have seen shortly before in the Gran Hotel in Paris, a "little mobile

Prototipo de ascensor en la Galería de las Máquinas, Exposición Universal de París, 1867.
Prototype elevator in the Machine Gallery, Universal Exhibition, Paris, 1867.

móvil elegantemente amueblada (y movida por un mecanismo de vapor)".¹ De hecho, el primer prototipo de ascensor lo presentó E. G. Otis en la exposición del Cristal Palace de Nueva York (1857), y tardó unos años en llegar a Europa. Propulsado primero por la presión del agua y, más tarde, mediante un sistema hidroneumático, se introdujo paulatinamente en las ciudades europeas y americanas, hasta que se generalizó su uso con la llegada del nuevo siglo. En Estados Unidos se hace impensable comprender la génesis de la ciudad vertical, y en particular la de Chicago tras su incendio, sin la asociación entre la estructura de acero y el ascensor. Manfredo Tafuri ha recalcado con acierto el modo en que en el rascacielos el ascensor actuó como un elemento equiparador de las rentas de alquiler (y, consecuentemente, homogeneizador de su aspecto exterior), contribuyendo así a romper definitivamente con los vestigios del orden tripartito que aún guardaban los primeros Henry Sullivan o Burnham & Root.²

room, elegantly furnished (and moved by a steam engine)."¹ As it is, E. G. Otis presented the first prototype elevator in the Crystal Palace exhibition in New York (1857), and it took a few years to reach Europe. Propelled first by water pressure and later by means of a hydro-pneumatic system, it was slowly introduced in European and American cities until its use became widespread with the arrival of the new century. Understanding the genesis of the vertical city is impossible in the United States, and in post-fire Chicago in particular, without the association between steel structure and elevator. Manfredo Tafuri has rightly emphasised the way in which in the skyscraper the elevator acted as an equalising factor of the cost of renting (and thus as a homogeniser of its external appearance), thus contributing to breaking once and for all with the remains of the tripartite order that the first Henry Sullivans or Burnham & Roots held to.²

All the same, the most relevant transformation would be produced, albeit at a smaller scale, in

1 Según se relata en COLLINS, PETER, Concrete. The Vision of a New Architecture, Faber & Faber, Londres, 1959.
2 TAFURI, MANFREDO, La sfera e il labirinto: avanguardie e architettura da Piranesi agli anni '70, Giulio Einaudi Editore, Turín, 1980, pág. 212; (versión castellana: La esfera y el laberinto. Vanguardias y arquitectura de Piranesi en los años setenta, Editorial Gustavo Gili, Barcelona, 1980).

1 As related in COLLINS, PETER, Concrete. The Vision of a New Architecture, Faber & Faber, London, 1959.
2 TAFURI, MANFREDO, La sfera e il labirinto: avanguardie e architettura da Piranesi agli anni '70, Giulio Einaudi Editore, Turin, 1980, p. 212; (English version: The Sphere and the Labyrinth: Avant-Gardes and Architecture from Piranesi to the 1970s, MIT Press, Cambridge [Mass.], 1987).

No obstante, la transformación más relevante habría de producirse, aunque a menor escala, en Europa, concretamente en París, donde el en apariencia inmutable inmueble urbano daría un vuelco a su organización interna. Elemento crucial en la articulación del París de Haussmann y también poshaussmanniano, el inmueble se estratificaba en su interior con una jerarquía muy clara refe-

Europe, in Paris to be exact, where the apparently immutable urban apartment house would give a new twist to its internal organisation. A crucial element in the articulation of the Paris of Haussmann, and the post-Haussmannian one too, the apartment house was stratified within according to a very clear hierarchy, one referring not only to the social status of its inhabitants,

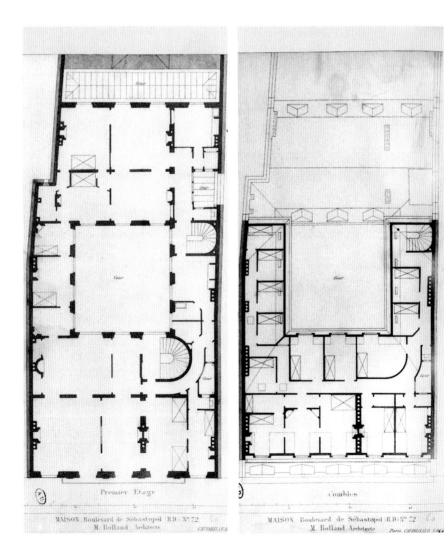

Diferencia de estatus entre el piso familiar y el ático para el servicio en el inmueble parisino (arquitecto: M. Rolland).
Difference of status between the family apartment and the servants' attic in the Parisian apartment house (architect: M. Rolland).

rida, no sólo al estatus social de sus habitantes, sino también a la calidad y proporción de sus habitaciones. Si en el renacimiento el *piano nobile* jugaba en cierto modo el papel de "nivel urbano del palacio", por encontrarse cercano y vinculado a la calle y por su importancia como lugar de relación social, la regla se mantuvo válida hasta mediados del siglo XIX. En la planta noble, primera o principal, de fácil acceso y contacto con la calle, y en espacios de generosas dimensiones, vivía la familia más pudiente. En el ático, insalubre, sin luz, servicios ni ventilación, y sólo comunicado con el piso principal mediante una escalera en el patio trasero, habitaba el nutrido cuerpo de sirvientes que atendía la casa. Entre medias se producía una progresiva disminución de la calidad de las viviendas a medida que el edificio iba ganando altura.[3]

Pero la llegada del ascensor revolucionó esta disposición que parecía inamovible. La facilidad de acceso a los pisos más altos hizo poner en entredicho la pretendida comodidad de unas plantas bajas que cada vez se antojaban más oscuras, ruidosas y en contacto con la inmundicia de la calle. En lo alto del inmueble se descubrieron, de repente, ventajas hasta el momento desconocidas en la vivienda urbana: tranquilidad, aire más limpio y vistas. Las antiguas e inutilizadas azoteas podían transformarse ahora en reducto de paz y de sol para los nuevos y adinerados habitantes, que iniciaron así una migración interna, no ya estacional sino definitiva, que trastocaría la organización del edificio hasta hacer del ático la nueva planta noble.

but also to the quality and proportions of its rooms. If in the Renaissance the *piano nobile* partly played the role of "urban level of the mansion," due to being near to and connected with the street, and because of its importance as a place of social intercourse, the rule was maintained as valid until the mid-19th century. On the "noble" first or main floor, of easy access and in contact with the street, and in spaces of generous dimensions, there lived the wealthiest family. In the attic, insalubrious, without light, toilets or ventilation, and only communicating with the main apartment via a staircase in the rear courtyard, there lived the considerable mass of servants who maintained the house. Between the two a progressive diminution came about in the quality of the dwellings as the building gained in height.[3]

The arrival of the elevator revolutionised this seemingly fixed layout, however. Ease of access to the highest floors meant casting doubt upon the supposed convenience of a few floors down below that were increasingly felt to be darker, noisier and in contact with the dirtiness of the street. At the top of the building advantages hitherto unknown in urban housing were suddenly discovered: tranquillity, cleaner air and views. The old, unused flat roofs could now be transformed into redoubts of peace and sunshine for the new well-to-do inhabitants, who thus began an internal migration, no longer seasonal but definitive, which would invert the organisation of the building to the point of making the attic the new *piano nobile*.

3 François Loyer lleva a cabo una interesante disección social y arquitectónica de la anatomía del inmueble parisino del siglo XIX en su estudio: *Paris XIXe siècle. L'immeuble et la rue*, Fernand Hazan, París, 1987, pág. 190.

3 François Loyer undertakes an interesting social and architectural dissection of the anatomy of the Parisian apartment house in his study *Paris XIXe siècle. L'immeuble et la rue*, Fernand Hazan, Paris, 1987, p. 190; (English version: *Paris Nineteenth Century: Architecture and Urbanism*, Abbeville Press, New York, 1988).

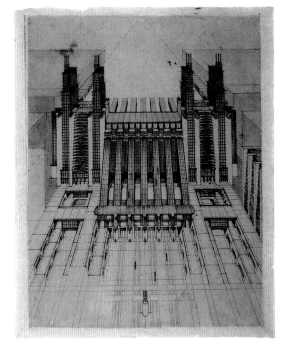

Antonio Sant'Elia, *La città nuova*, 1914: intercambiador aéreo-ferroviario sobre tres niveles urbanos.
Antonio Sant'Elia, *La città nuova*, 1914: air-rail interchange on three urban levels.

EL USO EN LA ERA DE LA MÁQUINA

La era industrial había puesto la máquina de vapor fundamentalmente al servicio de la manufactura, pero la "máquina" que estaba destinada a influir sobre el corazón del arquitecto era la del transporte, que sería la que iniciaría un idilio con la cubierta que habría de durar al menos un siglo. En las primeras vanguardias del siglo XX, fueron varios los propagandistas que se encargaron de ensalzar su funcionalidad y su estética. Así lo hizo Le Corbusier-Saugnier (a la sazón y para la posteridad el Le Corbusier que todos conocemos) en una serie de incendiarios artículos publicados en la revista *L'Esprit Nouveau* entre 1920 y 1921,[4] entre los que figuraban encendidos elogios al avión, al transatlántico y al automóvil. Años antes, en 1914, y con objeto de la publicación de su *Manifiesto futurista*, Antonio Sant'Elia había proclamado que el nuevo arquitecto tenía que hallar su inspiración en "los elementos del mundo mecánico novísimo (que hemos creado) [...] e inventar y refabricar la ciudad futurista de una manera similar a una enor-

USE IN THE ERA OF THE MACHINE

The industrial era had fundamentally placed the steam engine at the service of manufacturing, but the "engine" that was destined to have an influence on the architect's heart was that of transport, which would be the one that was to initiate an idyll with the roof that would last at least a century. In the first avant-gardes of the 20th century there were various propagandists who took it upon themselves to exalt its functionality and its aesthetic. Le Corbusier-Saugnier (then and now the Le Corbusier we all know) did as much in a series of inflammatory articles published in the magazine *L'Esprit Nouveau* in 1920 and 1921,[4] among which there figured ardent eulogies to the aeroplane, ocean liner and automobile. Years before, in 1914, and with the object of the publication of his *Futurist Manifesto*, Antonio Sant'Elia had proclaimed that the new architecture had to find its inspiration in "the features of the latest mechanical world (that we've created) [...] and invent and rebuild the Futurist city in a way similar to an enormous work in construction,

[4] Artículos recogidos en *Vers une architecture*, G. Crès, París, 1924; (versión castellana: *Hacia una arquitectura*, Poseidón, Barcelona, 1978).

[4] Articles brought together in *Vers une architecture*, G. Crès, Paris, 1924; (English version: *Towards a New Architecture*, Payson & Clarke, New York, 1927).

It was Sant'Elia, in his perspective views for the *Città Nuova*, who best knew how to depict the collision between the magnitude of certain machines (in particular those to do with aviation), on the one hand, and architecture and the city on the other. The aeroplane and train station proposes an immense landing strip on the roof of an undefined piece of architecture, a runway which is lined up, between no other thing than two immense office towers that are erected in turn on a rail interchange. This scheme has been defined (not without reason) as "a bit suicidal" by critics like Peter Wolf, who have elected to compare it with the, in my opinion, more sensible ideas of Eugène Hénard, whose vertically descending airships landed on the rooftops of apartment buildings and were stored, by means of telescopic elevators, in the basement. Fantasy and licence apart, Hénard's preoccupation with the impact of aviation on the city is legitimate and his studies rigorous, especially those which sought to divide Paris into three concentric rings of air traffic and landing according to the size of the planes and the way they had to be manoeuvred.[6]

At the height of the fascination with things mechanical it was difficult to imagine the future of our three machines. The automobile shaped the city to a degree unimagined at the time; to the annoyance of Sant'Elia and Hénard, aeroplanes didn't fly over the cities, although they did over the seas; seas that the liner, after a golden age, ceased plying.

The liner—or steamer, as certain authors liked to call it in a way more in consonance with Le Corbusier's terminology—was a machine destined to become the cult object par excellence for architects. It was admired for its formal purity, its perfect functional enmeshing, its engineering

5 Cited in SARTORIS, ALBERTO, *Sant'Elia e l'architettura futurista*, Sapiens, Milan, 1993, p. 89.
6 WOLF, PETER M., *Eugène Hénard and the Beginning of Urbanism in Paris 1900-1914*, International Federation for Housing and Planning/Centre de recherche d'urbanisme, The Hague/Paris, 1968, p. 102.

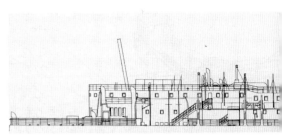

Zonas de paseo sobre los puentes del *Queen Mary II*.
Areas for strolling in on the bridges of the *Queen Mary II*.

Plataformas de popa del *Normandie*.
Platforms at the stern of the *Normandie*.

Concierto en alta mar sobre la cubierta del *Kaiserin Auguste Victoria*.
Concert at sea on the deck of the *Kaiserin Auguste Victoria*.

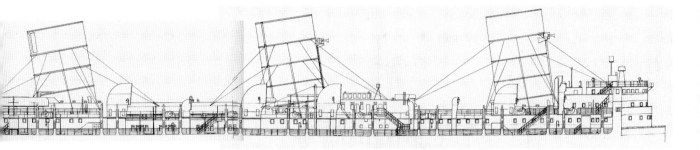

Partido de tenis bajo las chimeneas del *Empress of Britain*.
Tennis match below the funnels of the *Empress of Britain*.

su precisión ingenieril y su nula concesión a los caprichos estéticos. El transatlántico constituía, además, todo un edificio de apartamentos tumbado, lo que liberaba enormes superficies de cubiertas planas, en forma, primero, de amplias plataformas en proa y popa y, luego, de largos paseos a diferentes niveles comunicados por un gran número de escaleras.

Pero aparte de la propia morfología inherente a la nueva máquina, el uso de esta enorme cubierta vino determinado por una razón bien particular. A pesar de que el paquebote y sus constantes mejoras eran fruto de una carrera entre las principales compañías navieras por cubrir el trayecto entre ambos lados del Atlántico en el menor tiempo posible, la travesía no dejaba de constituir, por entonces, una obligada pausa que ralentizaba la vida cotidiana de los pasajeros. Así, el pasaje debía estar distraído, en parte por los alicientes de encontrarse en alta mar pero, sobre todo, recreando al detalle la vida en tierra. Si en los salones —de un estilo *pompier*, por cierto, muy antagónico al resto de la estética del barco— el pasajero creía encontrarse en los teatros de París o Londres, habrían de ser las cubiertas el lugar neurálgico de la vida a bordo: en ellas se realizaban agradables paseos, se escuchaba música, se tomaba el fresco e incluso se practicaban las más diversas actividades deportivas.[7] La cubierta del barco se había transformado en todo un símbolo de la nueva ideología que estaba por llegar —la vida al aire libre, el deporte—, y anunciaba además lo que se convertiría más tarde en una larga asociación entre máquina e higiene.

precision and its zero concession to aesthetic whim. The liner constituted, moreover, an entire apartment building on its side, which freed up enormous flat deck surfaces in the shape, firstly, of ample platforms fore and aft, and next of long walkways at different levels communicating by a number of stairways.

Apart from the specific morphology pertaining to the new machine, the use of this enormous deck area was determined by a highly particular rationale, however. Although the steamer and its constant improvements were the outcome of a race between the main shipping companies to cover the distance between both sides of the Atlantic in the shortest possible time, the crossing was still an enforced break which slowed the daily life of the passengers right down. And so the voyage had to be entertaining, in part due to the inducements of finding oneself on the high seas, but above all in a detailed recreation of life on land. While in the salons—in pure *pompier* style, by the way, quite at odds with the rest of the ship's aesthetic— passengers believed themselves to be in the theatres of Paris or London, the decks would become the nerve centre of life on board: on them agreeable strolls were to be had, one listened to music, one took the air and the most diverse sports activities were practised, even.[7] The ship's deck had been transformed into a real symbol of the new ideology that was on its way in—life in the fresh air, sport—and also announced what would later become a long association between machine and hygiene.

7 Una vida que se recrea en RAMÍREZ, JUAN ANTONIO, "El transatlántico y la máquina moderna", en *El croquis*, 25, julio de 1986, págs. 7-12.

7 A type of life that is recreated in RAMÍREZ, JUAN ANTONIO, "*El transatlántico y la máquina moderna*", *El croquis*, 25, July 1986, pp. 7-12.

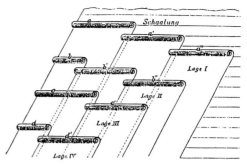

Estratos de cartón alquitranado sobre entablado de madera.
Layers of tar-impregnated paper on a wooden platform.

LOS NUEVOS MATERIALES DE LA AZOTEA

Si en el interior del inmueble fue el ascensor el encargado de revolucionar su organización, en su exterior la gran innovación vino de la mano de los nuevos materiales, tanto estructurales como de recubrimiento. De hecho, la invención del hormigón armado y el desarrollo de los derivados bituminosos son dos historias que corren pareja e indisociablemente.

El primer experimento de cubierta plana transitable de que se tiene constancia, desde lo constructivo y en un clima septentrional, fue el que inventó el alemán Samuel Haüsler en 1839. La denominada cubierta de cartón impermeabilizante, descansaba en un entablado de madera, sobre el que se desplegaban rollos de cartón impregnados de alquitrán que garantizaban la impermeabilización. Sobre esta lámina, la cubierta se remataba y protegía con una capa de arena o de grava. Este modelo se utilizó profusamente durante el resto del siglo XIX e incluso hasta bien entrado el siglo XX, por parte de algunos arquitectos de la vieja escuela, como Peter Behrens.

Más tarde, Carl Rabitz presentó la patente de una cubierta de cartón impermeabilizante (aunque sobre un soporte de cemento volcánico) en la Exposición Universal de París de 1867. Rabitz pretendía mostrar con este prototipo las ventajas constructivas de la nueva solución, gracias a las cuales proponía plantar, en lo alto de su residencia en Berlín, un frondoso bosque por el

NEW MATERIALS FOR THE FLAT ROOF

If inside the apartment house it was the elevator which was called on to revolutionise its organisation, outside the great innovation came via new materials, both structural and to do with covering. In fact the invention of reinforced concrete and the development of bituminous by-products are two stories that run inseparably and in parallel.

The first experiment to do with a transitable flat roof of which there is evidence, from the constructional angle and in a North-European climate, was the one invented by the German Samuel Haüsler in 1839. The so-called roof of waterproofing board rested on a wooden platform on top of which rolls of paper impregnated with tar, which provided the waterproofing, were unrolled. On top of this sheet the roof was finished off and protected with a layer of sand or gravel. This model was widely used during the remainder of the 19th century and even well into the twentieth by such architects of the old school as Peter Behrens.

Some time later Carl Rabitz presented his patent for a roof of waterproofing board (albeit on a support of volcanic cement) at the 1867 Universal Exhibition in Paris. With his prototype Rabitz intended to demonstrate the constructional advantages of the new method, thanks to which he proposed planting, atop his residence in Berlin, a verdant wood through which to stroll

Casa de Carl Rabitz, Berlín, Alemania, 1860: el ajardinamiento de la azotea se realiza gracias a la utilización del cartón impermeabilizante.
Carl Rabitz's house, Berlin, Germany, 1860: the landscaping of the flat roof is possible because of the use of waterproofing board.

Edificio Vickers, Londres, Reino Unido: la impermeabilización como ceremonia de cubrición de aguas y símbolo del final de la obra.
Vickers Building, London, United Kingdom: waterproofing as a topping-out ceremony and symbol of the end of the building work.

que pasear entre árboles y quioscos recreativos; una propuesta un tanto exótica por la difícil conjunción entre el jardín y el edificio clásico sobre el que se asentaba.

Gracias a la industrialización, el mito de la completa estanqueidad de las superficies planas parecía estar por fin cerca. De las pesadas y costosas planchas de plomo de la antigüedad se pasó a impermeabilizar con láminas finas y flexibles, fabricadas con derivados de la hulla en un principio y del asfalto más tarde.[8] A pesar de ello, la solución definitiva aún tardaría en llegar, pues no bastaba con tener el nuevo material, sino también había que saber darle una razón constructiva. En este sentido, las equivocaciones y los ejercicios de prueba y error fueron abundantes en los primeros arquitectos del movimiento moderno.

Pero ¿qué fue ocurriendo, a lo largo de esos 50 años, con la base estructural de la cubierta? Mientras el entablado de madera se mantenía como la solución generalizada (a pesar de lo dudoso de su economía y de su resistencia, pero sobre todo por sus cualidades ignífugas), en tres puntos de Europa —Alemania, Francia y especialmente el Reino Unido— se investigaba ya desde mediados del siglo XIX con un material totalmente nuevo. Eran tiempos en que los estudios de François Coignet, Lebrun o John Wilkinson se esforzaban en dar forma, por un lado, a las nuevas técnicas de encofrado y, por otro, un nombre y una consistencia a las nuevas materias aglomerantes; unos años no exentos de polémicas, pues entre dichos personajes se entabló una verdadera rivalidad por registrar las patentes de lo que sería el nuevo material. La asunción por parte de la historia de la arquitectura de que el hormigón armado (término que ahora se asume como único, pero sobre cuya idoneidad hubo un encendido debate) fue inventado por Joseph Monier es del todo imprecisa. En realidad, Monier sólo recuperó del olvido la vieja

among trees and recreational pavilions; a somewhat exotic scheme due to the difficult conjunction between the garden and the classical building on which it sat.

Thanks to industrialisation the myth of the complete watertightness of flat surfaces seemed at last to be at hand. One passed from the weighty and expensive sheets of lead of past times to waterproofing with fine, flexible laminas made using coal by-products at first and then asphalt later.[8] In spite of this the definitive solution would still take time in arriving, since having the new material wasn't enough—you also had to know how to give it constructional rationality. Whence the abundant equivocations and exercises in trial and error among the first architects of the Modern Movement.

What, though, was happening during those fifty years in terms of the structural basis of the roof? While wood boarding was retained as the overall solution (despite the dubious nature of its cheapness and resistance, despite the doubts concerning its cost, its resistance and its fireproof qualities); in three parts of Europe—Germany, France and especially the United Kingdom—a totally new material was being investigated during the latter part of the 19th century. They were times in which the researches of François Coignet, Lebrun and John Wilkinson struggled to give shape, on the one hand, to the new techniques of formwork and, on the other, a name and a consistency to the new agglomerating materials; years that were not without their controversy, since between these people a genuine rivalry arose to register the patents of what the new material would be. The assumption on the part of the history of architecture that reinforced concrete (a term that is now taken as the sole one, but over whose suitability there was fierce debate) was invented by Joseph Monier is wholly imprecise. Actually, Monier merely resus-

8 MORITZ, KARL, *Flachdachhandbuch*, Bauverlag, Wiesbaden/Berlín, 1961; (versión castellana: *Manual de cubiertas planas en construcción*, Editorial Blume, Madrid/Barcelona, 1969, págs. 298-311.

8 MORITZ, KARL, *Flachdachhandbuch*, Bauverlag, Wiesbaden/Berlín, 1961.

técnica de Henri Labrouste para rigidizar superficies delgadas con mallazo de acero, y se encargó, eso sí, de popularizar el hormigón por Europa gracias a una infatigable actividad comercial.⁹

Entre el cruce de acusaciones y la alegría por los descubrimientos surgió la primera de las patentes que no se ocupaba ya del material, sino de su aplicación concreta a las técnicas constructivas. Al inventar el nudo armado monolítico, François Hennebique estableció las bases de la estructura espacial universal de pilares y vigas. Planteado el esqueleto estructural, la atención se desvió entonces hacia las superficies planas o forjados: tras siglos de soluciones mixtas de madera y años en que se había rigidizado mediante viguetas y tirantes de acero, el hormigón armado aportó la planeidad completa, la resistencia al fuego y, sobre todo, la economía de medios. Superficie plana por excelencia, lugar expuesto a la intemperie, la azotea no podía privarse de la convulsión que se avecinaba. Los inventores del material, antes de cuajar la definitiva solución constructiva, imaginaron para la nueva azotea usos impensables hasta la fecha. Coignet lo hizo teniendo en mente el remate de edificios emblemáticos: "no sólo el extradós de las grandes cúpulas de teatro podría servir de cubierta, sino que se añadiría a este tipo de construcción una ventaja por completo desconocida hasta nuestros días, es decir, que la parte superior del teatro podría transformarse en una verdadera plaza pública, un jardín, el gran *foyer* al aire libre [...]; toda la superficie del teatro, más de 2.000 m², podría convertirse en grandes paseos descubiertos y accesibles para el público en general".¹⁰

William Simmon lo defendió a su vez a escala doméstica para las residencias que flanqueaban el Hide Park londinense, y a las que había que rematar, según él, mediante "una cubierta plana dotada de algo parecido a una *logia*, sólo abierta al sur, con un techo también plano [...] que constituiría una agradable protección en

citated Henri Labrouste's old technique for making thin surfaces rigid with steel mesh, and took it upon himself to popularise concrete throughout Europe thanks to his untiring commercial activities.⁹

In among the accusations and the rejoicing over a discovery there emerged the first of the patents which was no longer occupied with the material itself but with its actual utilisation within the techniques of building. In inventing the monolithic reinforced tie, François Hennebique established the foundations of the universal spatial structure of pillars and beams. Once the structural skeleton was created, attention then shifted to the flat surfaces or decks: after centuries of mixed solutions of wood and years in which rigidity had been arrived at by means of steel joists and beams, reinforced concrete brought with it total smoothness, resistance to fire and, above all, economy of means. A planar surface par excellence, a spot exposed to the weather, the flat roof was unable to avoid the upheaval that was approaching. Prior to the definitive constructional solution jelling, the inventors of new materials imagined hitherto unthinkable uses for the new roof. Coignet did it by bearing in mind the roofing of emblematic buildings: "not only could the extrados of great theatre domes serve as a roof, but an advantage completely unknown until today would be added to this type of construction, namely that the upper part of the theatre could be transformed into a genuine public square, a garden, the main foyer in the open air [...]; the entire surface area of the theatre, more than 2,000 m², could be converted into grand open-air walkways accessible to the public in general."¹⁰

William Simmon defended it in turn at a domestic scale for the residences flanking London's Hyde Park, which ought to be surmounted, he said, by "a flat roof endowed with something similar to a loggia, except open to the south, also

---

9 Véase COLLINS, PETER, *op. cit.* pág. 96.
10 Citado en COLLINS, PETER, *op. cit.*, pág. 45.

9 Cf. COLLINS, PETER, *op. cit.*, p. 96.
10 Cited in COLLINS, PETER, *op. cit.*, p. 45.

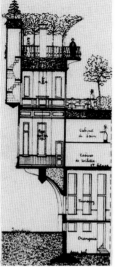

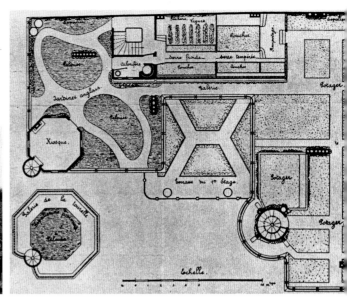

François Hennebique, villa en Bourg-la-Reine, París, Francia, 1904: los nuevos usos de la cubierta (paseo, invernaderos tropicales) gracias al positivismo en la aplicación del hormigón armado.

François Hennebique, villa in Bourg-la-Reine, Paris, France, 1904: the new uses of the roof (strolling, tropical greenhouses) thanks to the positivist spirit, as shown in the utilisation of reinforced concrete.

caso de lluvia. Aunque sólo fuera para los niños, este área de juegos protegida y separada de la casa merecería la pena ser realizada. Bajo un tiempo caluroso, se podría disfrutar de un almuerzo. A ellas se accedería con la misma facilidad que a la mejor de todas las habitaciones [...]. Una cubierta que debía ser en su construcción tan sólida como la roca, y no, como lo es ahora, su parte más endeble".[11]

Pero la nueva azotea de hormigón no cristalizó hasta que el propio Hennebique levantó en un suburbio de París, llamado Bourg-la-Reine, una residencia para su propia familia (1904). Con ella desató su ansia de experimentar hasta el límite la plasticidad del material al utilizarlo en los muros de carga y las ménsulas de los voladizos, e incluso, de manera virtuosa, en los volúmenes cilíndricos del depósito de agua y del alminar. El edificio queda rematado por un plano único de hormigón representado por Hennebique en un dibujo que constutuye la primera de las plantas de cubierta, en el sentido moderno del término,

with a flat roof [...] which would form an agreeable shelter in the event of rain. Albeit only for children, this play area, shielded and separated from the house, would be worth the trouble of realising. In warm weather lunch might be enjoyed there. One would reach them with the same ease as to the best of all the rooms [...]. A roof that was intended to be as solid as a rock, and not, as it currently is, its weakest point."[11]

The new concrete roof didn't crystallise, however, until Hennebique himself built a residence for his own family in a Paris suburb called Bourg-la-Reine (1904). With it he unleashed his longing to experiment with the potential malleability of the material by using it in the load-bearing walls and the cantilevers of the juts, and even, in a virtuoso manner, in the cylindrical volumes of the water tank and the minaret. The building is roofed by a single plane of concrete represented by Hennebique in a drawing that constitutes the first of the roof plans, in the modern sense of the term, we have evidence of. The flat plane roofs

11 COLLINS, PETER, op. cit., pág. 187.

11 Ibid, p. 187.

Auguste Perret, casa en 25 bis rue de Franklin, París, Francia, 1903.
Auguste Perret, house at 25 bis Rue de Franklin, Paris, France, 1903.

Perret de espaldas a Gustave Eiffel sobre la azotea de su ático.
Perret with his back to Gustave Eiffel on the flat roof of his attic.

El ático propiedad del arquitecto se abre a una recoleta terraza.
The attic property of the architect opens onto a peaceful terrace.

de la que se tiene constancia. El plano cubre toda la casa y recupera la idea del vergel de Moritz, llevándola más lejos al convertirlo en un verdadero jardín suspendido, con sus senderos sinuosos según la más pura tradición del paisajismo inglés, un quiosco de música, un huerto y un invernadero para especies exóticas.

Una visita al Bourg-la-Reine actual nos muestra la villa en un estado de semiabandono, pero un paseo por su cubierta nos depara la más feliz de las sorpresas. A pesar de su estado, y de que una frondosa vegetación ha sustituido a la fina traza del jardín original, la azotea de Bourg-la-Reine permanece como un excelente testimonio de aquello en que Le Corbusier tanto insistió años más tarde: la prueba, con un siglo de antigüedad, de que la conjunción entre el soporte de hormigón armado, la impermeabilización flexible y el remate mediante una capa vegetal es una de las soluciones constructivas de cubierta más acertadas y duraderas que se puedan realizar.

Auguste Perret, en la construcción del inmueble parisino 25 bis rue de Franklin (1903), hizo suyo el nuevo esqueleto espacial formado por pilares y vigas, que le permitió organizar la nueva planta de la vivienda burguesa según cánones hasta entonces desconocidos: la primera planta libre del movimiento moderno, como ha señalado Sigfried Giedion, cuya continuidad espacial sólo queda interrumpida por tabiques móviles; una estructura que, en base y en coronación, aparece vista por fuera del plano plegado de la fachada, con la idea de mostrar su potencial plástico. A pesar del aparente ejercicio academicista de su exterior, el volumen de rue de Franklin resulta también rompedor. Mientras en planta la fachada se pliega sobre sí misma saltándose la ordenanza de alineación para conseguir más luz, más ventanas y, por tanto, más espacialidad para la vivienda, en sección utiliza el gálibo de coronación a su favor. Sobre los dos cenáculos expresionistas que flanquean la vivienda de sus padres en la séptima

over the entire house and reworks Moritz's notion of the garden, taking it further by converting it into a genuine hanging garden, with its sinuous pathways, as in the purest English landscaping tradition, a bandstand, a vegetable garden and a greenhouse for exotic plants.

A visit to today's Bourg-la-Reine shows us the villa in a half-abandoned state, but a stroll across its roof affords us the happiest of surprises. In spite of its state, and of the fact that luxuriant vegetation has taken over from the delicate layout of the original garden, the Bourg-la-Reine flat roof remains an excellent testimony of what Le Corbusier insisted on so much years later: the proof, a century in advance, that the conjunction of reinforced-concrete support, flexible waterproofing and a vegetal top layer is one of the most successful and resilient constructional solutions for a roof that may be arrived at.

In the construction of the apartment house at 25 bis Rue de Franklin 1903), Auguste Perret adopted the new spatial skeleton formed by pillars and beams, which enabled him to organise the new floor plan of the bourgeois dwelling according to hitherto unknown canons: the Modern Movement's first open-plan floor, as Sigfried Giedion has pointed out, whose spatial continuity is only broken by movable partitions; a structure which, at base and crown, appears unrendered on the outside of the angled plane of the facade, the idea being to demonstrate its potential plasticity. Notwithstanding the apparent academicism of its exterior, the Rue de Franklin volume also turns out to be innovative. While in plan the facade is folded back on itself, breaking the ordinance on alignment in order to obtain more light, more windows, and hence greater spatiality for the house, in section it uses the outline of the crown in its favour. Above the two expressionist volumes flanking his parents' apartment on the seventh floor the architect kept a small homage to the new roof: right on top of the building Perret built

planta, el arquitecto guardaba un pequeño homenaje a la nueva cubierta: en lo más alto del edificio, Perret se construyó un pequeño *pied à terre* de dos habitaciones, un refugio protegido de las miradas externas por las dos torres laterales de chimeneas, y del fragor de la calle por el retranqueo y por una terraza de mínimas dimensiones; sobre esta terraza, un jardín casi minimalista y un banco corrido de piedra delatan los momentos de tranquilidad que ahí se podían conciliar. Y coronando el conjunto, una azotea a la que sólo se podía acceder desde el interior del apartamento. De pie sobre esta azotea —una cubierta plana, de hormigón armado, rematada con grava— con los planos de algún otro proyecto en la mano, Perret parece querer rendir un doble tributo: por un lado, a las innegables virtudes del nuevo material y, por otro, a la era del acero que, simbolizada en la silueta de la torre Eiffel que aparece en segundo plano, estaba él mismo, con su magisterio, contribuyendo a dar por finalizada.[12]

Ni el hormigón armado, o sus precursores, ni la impermeabilización flexible inventaron la cubierta plana; tampoco la hicieron habitable, como muy comúnmente se ha sostenido, en climas septentrionales o del norte de Europa. Fueron, eso sí, el caldo de cultivo que posibilitó en los decenios posteriores su generalización, pero fundamentalmente gracias a la rápida propagación de la técnica y a la homogeneización de las soluciones constructivas. En este impulso de los nuevos materiales de la azotea, los arquitectos e ingenieros redescubrieron lo que, en este ensayo, se considera ya como un argumento antiguo y obvio: la cubierta puede vivirse, usarse, plantarse y habitarse. Pero todos ellos, así como los artífices de la cubierta maquinista, la colonizaron de una manera que parece ser más una mera consecuencia del espíritu positivista de una era de cambios tecnológicos que de cualquier acción intencionada.

himself a little two-room *pied à terre*, a refuge protected from prying eyes by the two lateral chimney stacks, and from the clamour of the street by the setback and by a tiny terrace; on this terrace, an almost minimalist garden and a continuous stone bench reveal the moments of peace that could be had there. And crowning the whole, a flat roof you could only reach from inside the apartment. Standing on this flat roof—a roof of reinforced concrete topped with gravel—with the plans of some project in his hand, Perret seems to want to render a double tribute: on the one hand, to the undeniable virtues of the new material and, on the other, to the age of steel which, symbolised in the silhouette of the Eiffel Tower appearing in the background, he was himself helping, with his lessons, to bring to an end.[12]

Neither reinforced concrete and its precursors nor flexible waterproofing invented the flat roof; neither did they make it inhabitable, as has very often been claimed, in northern or North-European climates. They were, though, the cultural ferment which rendered its generalisation possible in later decades, albeit fundamentally due to the rapid propagation of the technique and to the homogenisation of building methods. In this promulgation of the new materials of the flat roof, architects and engineers rediscovered what, in this essay, is already taken to be an ancient and obvious argument: the rooftop may be experienced, used, planted and inhabited. But all these, along with the inventors of the machinist roof, colonised it in a way that seems to be more a mere consequence of the positivist spirit of an era of technological change than a deliberate act of some kind.

12 Convulsiones, las de esta era a caballo entre los dos materiales, que Sigfried Giedion explica con detalle en: *Bauen in Frankreich, Bauen in Eisen, Bauen in Eisenbeton*, Klinkhardt & Biermann, Leipzig, 1928.

12 The upheavals of this period astride the two materials is explained in detail by Sigfried Giedion in *Bauen in Frankreich, Bauen in Eisen, Bauen in Eisenbeton*, Klinkhardt & Biermann, Leipzig, 1928; (English version: *Building in France, Building in Iron, Building in Ferroconcrete*, Getty Center for the History of Art and the Humanities, Santa Monica (Ca.), 1995).

EL LINGOTTO COMO SÍMBOLO

Esta época positivista parecía permitir las más osadas empresas, como colocar sobre la cubierta una pista de pruebas para automóviles. En los primeros años del siglo XX, la idea podía parecer descabellada, pero entre 1915 y 1921 los directivos de la factoría Fiat de Turín la llevaron a cabo con la ayuda del ingeniero Mattè Trucco. La cubierta del Lingotto remata una nave de producción de automóviles de más de un kilómetro de largo, con una pista a donde se subían los prototipos de los vehículos para probarlos. Como pista de pruebas (a veces de carreras), la cubierta necesitaba peraltes en los extremos y una geometría muy particular que hábilmente se logró encajar con la planta del edificio.

La lección del Lingotto resulta así triple. En primer lugar, constituye un nuevo ejemplo de cómo el uso condiciona la forma, y genera morfologías propias como, en este caso, los peraltes; luego se erige como un nuevo caso de cubierta con entidad arquitectónica específica, un edificio sobre el edificio o, incluso mejor, un artefacto superpuesto; finalmente, Lingotto se convierte en todo un símbolo que sintetiza los anhelos y los logros de la revolución tecnológica. Es el triunfo total de la máquina sobre la arquitectura, ya que se construye por y para ella, y también el de los nuevos materiales llevados aquí al extremo: unos materiales que permiten una estructura espacial casi infinita y un inmenso plano resistente a las fuerzas dinámicas (hormigón), al tiempo que se convierten en revestimientos de fácil maleabilidad (asfalto).

THE LINGOTTO AS A SYMBOL

This positivist epoch appeared to permit the most daring enterprises, such as placing a car-testing track on the roof. In the first years of the 20th century the idea might have seemed crazy, but between 1915 and 1921 the heads of the Fiat factory in Turin accomplished this with the help of the engineer Mattè Trucco. The roof of the Lingotto surmounts a car-production plant more than a kilometre long, with a track to where the prototypes of the vehicles were hoisted for testing. As a track for testing (and for races at times), the roof needed cambers at either end and a very particular geometry which was skilfully matched with the ground plan of the building.

The lesson of the Lingotto turns out to be threefold. First, it constitutes a new example of how use conditions form and generates such particular morphologies as, in this case, the cambers; next, it is set up as a new kind of roof with a specific architectonic content, a building on the building or, better yet, a superposed artefact; finally, Lingotto becomes a symbol in itself that synthesises the yearnings and achievements of the technological revolution. It's the total victory of machine over architecture, seeing as it is constructed by and for it, and the victory, too, of the new materials taken, here, to their extreme: materials that provide an almost infinite spatial structure and an immense plane resistant to dynamic forces (concrete), and that are converted into readily malleable coatings (asphalt).

Vista aérea.
Aerial view.

Prototipos de la Fiat tomando un peralte de la pista durante una prueba.
Prototypes of the Fiat taking the cambered curve of the track during a test run.

DEL HIGIENISMO AL EUGENISMO / FROM HYGIENISM TO EUGENICS

LOS PRECEPTOS HIGIENISTAS

La misma Revolución Industrial que inauguró la era de la máquina provocó también masivas migraciones del campo a las urbes industriales, lo que dio lugar a una densificación de los núcleos urbanos en poco tiempo; en seguida, se mostraron incapaces de acoger a las nuevas masas obreras con unas garantías mínimas de salubridad. El hacinamiento, la humedad y la proximidad de las fábricas fueron factores determinantes en la propagación de numerosas plagas. Desde mediados del siglo XIX, y durante al menos veinte años, casi todas las ciudades industriales británicas vieron diezmada su población por sucesivas epidemias de cólera. Al mismo tiempo, la tuberculosis se propagaba con rapidez por toda Europa, una infección pulmonar grave que encontró su mejor caldo de cultivo en el ambiente enrarecido de las callejuelas de Amsterdam, Londres o Hamburgo.

Por fortuna, y paralelamente a la extensión de estas enfermedades, los avances científicos para su identificación y curación se sucedieron con rapidez, hasta que en la década de 1880 el doctor Robert Koch logró aislar el bacilo de la tuberculosis. Mientras una buena parte del colectivo médico se encargaba de los procesos de curación, un grupo de pioneros decidió atajar el problema desde su raíz. Bajo el lema "el mal no está en la ciudad, sino que es la ciudad misma",[13] los médicos que fundaron el movimiento higienista (Sanitary Movement, primero

HYGIENIST PRECEPTS

The selfsame Industrial Revolution that ushered in the era of the machine also brought about massive migration from the countryside to the industrial towns, which gave rise to a densification of the urban centres in a short space of time; right away they showed themselves to be incapable of accommodating the new working masses with a minimum guarantee of salubriousness. The overcrowding, dampness and proximity of the factories were crucial factors in the propagation of numerous grave illnesses. For at least twenty years, starting in the mid-19th century, almost all British industrial towns witnessed their populations decimated by successive outbreaks of cholera. At the same time tuberculosis spread rapidly throughout Europe, this chronic lung infection finding its ideal culture medium in the rarefied atmosphere of the alleyways of Amsterdam, London and Hamburg.

Fortunately, and in parallel to the extending of these illnesses, scientific advances as to their identification and treatment rapidly succeeded each other, until in the 1880s Doctor Robert Koch managed to isolate the tuberculosis bacillus. While most of the medical profession attended to the processes of treatment, one group of pioneers decided to address the root of the problem. Under the slogan "the evil isn't in the city, it is the city,"[13] the physicians who founded the hygienist movement (first the Sanitary Movement in Great Britain, and then

---

13 LAB, FRÉDÉRIQUE, "Hygéia, ou la rencontre du mouvement hygiéniste et de l'utopie", en *Urbi*, 9, otoño de 1984, págs. 113-120.

13 LAB, FRÉDÉRIQUE, "Hygéia, ou la rencontre du mouvement hygiéniste et de l'utopie", *Urbi*, 9, Autumn 1984, pp. 113-120.

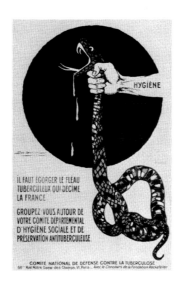

Hay que degollar la plaga tuberculosa que está diezmando Francia.
The TB outbreak that's decimating France must be strangled.

en Gran Bretaña y, más tarde, Hygiénisme en Francia) propugnaban la desaparición de las lacras sanitarias mediante su prevención más que su curación; una prevención que atañía a cuestiones no sólo de salud física, sino también de salud mental e incluso de "salud social", como entonces se tachaba a los problemas derivados de la delincuencia.

La culpa, pero también la solución, recaían entonces en quien se encargaba de proyectar la ciudad. Urbanistas y arquitectos no tardaron en tomar el testigo del higienismo, e hicieron suyos los postulados que formularon los médicos. Si la respuesta de los urbanistas fue temprana y radical al redefinir los parámetros de planeamiento de la ciudad (ahí quedan las experiencias de Robert Owen y Ebenezer Howard con la ciudad-jardín, sobre las que tendremos ocasión de detenernos), el modelo del edificio higienista aún tardó tiempo en consolidarse. No obstante, y bajo la presión que imponía la urgencia de la enfermedad a finales de siglo, ciertas tipologías empezaron a definir los parámetros básicos de la higiene bajo el dictado de los médicos. Es el caso, por ejemplo, de los primeros sanatorios antituberculosos, como el que impulsó Karl Turban en Inglaterra, donde ya se imponía la orientación sur para las zonas de curas. Pero el clima húmedo de las Islas Británicas no parecía ser el mejor

Hygiénisme in France) advocated the disappearance of sanitary tares by means of their prevention rather than their cure; a prevention that had to do with questions not just of physical health but also of mental and even "social health," as people judged the problems deriving from delinquency to be at the time.

The guilt, but also the solution, devolved upon those who were entrusted with planning the city. Urbanists and architects were not slow in picking up the baton of hygienism and made the theories the physicians had formulated their own. While the response of the urbanists was early and radical when redefining the parameters of planning the city (here reside the experiments of Robert Owen and Ebenezer Howard with the garden city, on which we will have occasion to linger), the model hygienist building still took time to be consolidated. In spite of this, and under the pressure of the urgent nature of the illness caused at the end of the century, certain typologies began to define the basic parameters of hygiene according to the dictates of the physicians. Such is the case, for example, of the earliest anti-tuberculosis sanatoria, such as the one Karl Turban launched in England, in which a south-facing orientation for the treatment areas was imposed. The damp climate of the British

Otto Pfleghard y Max Häfeli, sanatorio popular de Davos, Suiza, 1907: curas de helioterapia sobre la cubierta.
Otto Pfleghard and Max Häfeli, Popular Sanatorium, Davos, Switzerland, 1907: sunray treatment on the roof.

lugar para curar la tuberculosis, y sí lo era, en cambio, el de la estación suiza de Davos, con largas horas de sol y aire fresco y seco de montaña.

Es en Davos precisamente donde los arquitectos de Zúrich Otto Pfleghard y Max Häfeli levantan en la primera década del siglo xx dos ejemplares sanatorios, el Schatzalp y el Sanatorio Popular. En este último, en el que colaboraron con el ingeniero Robert Maillard para la estructura, las habitaciones disponían de su terraza privada para las curas, y todas ellas estaban orientadas hacia el valle y el sur. La lenta curación de la enfermedad suponía en sí un largo exilio en las cumbres alpinas, y obligaba a una penosa rutina de exposición a la intemperie sin que importara la estación del año ni la temperatura. Se entiende así cómo muchos de los sanatorios de Davos preveían zonas de curas colectivas. En el Sanatorio Popular, las horas de helioterapia se podían compartir con los otros enfermos en el pabellón de convalecientes que se levantaba en lo alto de la azotea: en este pabellón, las tumbonas móviles permitían exponerse al sol en la zona abierta próxima a la barandilla, y cuando hacía mal tiempo, protegerse bajo la liviana estructura de madera que lo remataba. Sobre estas tumbonas, con el torso desnudo o envuelto en mantas, Hans Castorp, el héroe de La montaña

Isles didn't seem to be the best place for curing tuberculosis, however—that honour fell, instead, to the Swiss resort of Davos, with many hours of sunshine and crisp, dry mountain air.

It is in Davos, in fact, where the Zurich architects Otto Pfleghard and Max Häfeli build two exemplary sanatoria, the Schatzalp and the Popular Sanatorium, during the first decade of the 20th century. In the Popular, on which they collaborated with the engineer Robert Maillard on the framework, the rooms had their own flat roof for taking the cure, all of these being oriented towards the valley and the south. The slow treatment of the illness automatically involved a long exile on the Alpine mountaintops and called for an arduous routine of exposure to the weather, whatever the temperature or season. So one understands why many of the sanatoria in Davos foresaw areas for communal treatment. In the Popular Sanatorium the hours of heliotherapy could be shared with other patients in the convalescents' block erected on top of the flat roof: in this block movable recliners enabled people to sunbathe in the open area near the balustrade, and when the weather was bad to be protected beneath the lightweight structure of wood which roofed it over. On these recliners, his torso bare or wrapped in blankets, Hans Castorp, the hero of Thomas

mágica de Thomas Mann, decía estar viviendo un "modo de vida horizontal".

De todos modos, la irradiación solar no era el único aliciente de la orientación del Sanatorio Popular y de la ladera de Davos. Las horas lentas del modo de vida horizontal parecían más llevaderas si desde la tumbona se contemplaba, como era el caso, las imponentes cumbres de los Alpes. Un *plus*, el de las vistas, que sin duda barajó también Alvar Aalto al disponer a los enfermos de su sanatorio de Paimio sobre la terraza, mirando hacia un bosque finlandés de coníferas. En el sanatorio de Aalto ya no hay terrazas privadas en las habitaciones, aunque todas ellas se benefician del sol mediante generosos ventanales, y las tumbonas se colocan en una larga hilera sobre la cubierta. Esta galería longitudinal de convalecencia se encuentra ahora más expuesta, pues la estructura que la protege ha perdido entidad constructiva, y se ha reducido a una simple y liviana marquesina. A pesar de ello, la cubierta de Paimio sigue siendo, como la de Davos, un lugar de umbrales y sutilezas donde se buscan los rayos del sol y corre el aire fresco; donde conviven además el recogimiento y la privacidad que aportan las vistas con la posibilidad de socializar; un lugar, también, donde el edificio y su función se encuentran de forma ejemplar con la naturaleza.

Mann's *The Magic Mountain*, claims to be living a "horizontal way of life."

In any case, solar irradiation wasn't the only inducement of the orientation of the Popular Sanatorium and of the hillside of Davos. The long hours of the horizontal way of life seemed more tolerable if from the recliner you contemplated, as was the case, the imposing peaks of the Alps. A plus, that of the views, which Alvar Aalto surely gambled on, too, when placing the patients of his sanatorium in Paimio on the flat roof, facing towards a Finnish pine wood. In Aalto's sanatorium there are no private balconies in the rooms, although all of them benefit from the sun thanks to generous picture windows, and the recliners are placed in a long line on the roof. This longitudinal gallery for convalescing is now more exposed, since the framework that protects it has lost constructional substance and been reduced to a simple, lightweight canopy. Notwithstanding this, the Paimio rooftop remains, like that of Davos, a place of thresholds and subtleties in which the rays of the sun are sought and the fresh air circulates; in which, moreover, the seclusion and privacy the views provide exist side by side with the possibility of socialising; a place, too, in which the building and its function encounter nature in an exemplary way.

Alvar Aalto, sanatorio antituberculoso de Paimio, Finlandia, 1928-1933: galería de convalecientes abierta al bosque.
Alvar Aalto, anti-tuberculosis sanatorium in Paimio, Finland, 1928-1933: convalescents' gallery facing the forest.

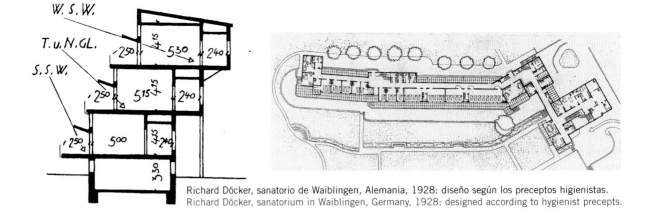

Richard Döcker, sanatorio de Waiblingen, Alemania, 1928: diseño según los preceptos higienistas.
Richard Döcker, sanatorium in Waiblingen, Germany, 1928: designed according to hygienist precepts.

EL SANATORIO COMO PROTOTIPO

Pero el programa de un sanatorio no sólo necesitaba habitaciones, sino que también debía contar con áreas comunes y zonas médicas. Si la orientación del ala de convalecencia venía impuesta por las exigencias de asoleo, no lo estaban en cambio las otras zonas. Aalto opta por una planta fragmentada, donde se distinguen con claridad los diferentes paquetes funcionales, albergados por volúmenes que giran los unos respecto a los otros; una disposición muy similar a la de unos años antes del arquitecto Richard Döcker en el proyecto de una clínica en Waiblingen (Alemania, 1928). La planta quebrada de Waiblingen también presenta un largo pabellón de habitaciones contiguo a las áreas quirúrgicas, pero con la novedad de que cada habitación (individual o de varias camas) encuentra su prolongación natural en la porción de una terraza que, gracias a una sección escalonada, aparece ahora en cada nivel. Si bien es indudable el rigor médico con que se proyectaron las terrazas de curas de los ejemplos anteriores, no lo es en cambio el verdadero poder curativo de las de Waiblingen; y con más razón si tenemos en cuenta que en este caso se trata de una clínica generalista, situada además en el clima húmedo de la llanura alemana.

Sin embargo, las imágenes de estos enfermos felices sobre sus camas móviles no son lo único

THE SANATORIUM AS PROTOTYPE

Not only did the programme for a sanatorium need rooms, it also had to have common areas and medical zones. While the orientation of the convalescence wing was imposed by the requirements of insolation, the remaining zones, on the other hand, had no such strictures. Aalto opts for a fragmentary floor plan in which the different functional sections, housed in volumes that rotate in relation to each other, are clearly distinguished; a layout very similar to the one of a few years earlier by the architect Richard Döcker in his design for a clinic in Waiblingen (Germany, 1928). Waiblingen's irregular floor plan also displays an extended block of rooms adjoining the surgical areas, but with the novelty that each room (individual or with various beds) has its natural prolongation in the portion of a flat roof that, thanks to a staggered section, now appears on each level. While the medical rigour with which the remedial flat roofs in the above examples were planned is beyond doubt, the truly remedial power of Waiblingen's terraces is not so rigorous; and with all the more reason if we bear in mind that we are talking about a generalist clinic, a clinic situated, moreover, in the damp climate of the German lowlands.

All the same, images of these contented patients on their mobile beds are not the only

14 Como por ejemplo se sostiene en MILLER, QUINTUS, "Das Sanatorium, ein Bautyp der Moderne", en *Bauwelt*, 44, noviembre de 1992, pág. 2490.
15 QUINTUS, MILLER, "Das Sanatorium Schatzalp. Ein Beispiel zwischen Klassizismus und englischer Wohnlichkeit", en *Archithese*, 2/88, marzo-abril de 1988, pág. 55.

14 As is argued, for instance, in MILLER, QUINTUS, "Das Sanatorium, ein Bautyp der Moderne", *Bauwelt*, 44, November 1992, p. 2490.
15 QUINTUS, MILLER, "Das Sanatorium Schatzalp. Ein Beispiel zwischen Klassizismus und englischer Wohnlichkeit", *Archithese*, 2/88, March-April 1988, p. 55.

que nos interesa; tampoco la de los robustos niños en las terrazas de otras clínicas alemanas de la época. Es necesario apuntar cómo, gracias al estudio riguroso de la incidencia solar sobre las habitaciones y las terrazas (que determina la altura y la profundidad de ambas), Waiblingen se convierte en un proyecto higienista integral en que planta y sección dependen por completo de los nuevos postulados. Por ello, coincidimos totalmente con las voces que han querido hacer del sanatorio, y de la clínica, que es su derivado, el primer prototipo higienista del movimiento moderno.[14] Stanislaus von Moos ha llegado incluso más lejos al asimilarlo a toda la imaginería maquinista de los transatlánticos.[15]

¿Qué papel cumple entonces la cubierta en la génesis de esta nueva tipología? Para Döcker, desde luego, ocupa un lugar central. En 1929, el mismo año en que termina su clínica, Döcker publica su libro *Terrassentyp*, un volumen que a la larga se convirtió en un título de referencia (aún hoy lo es) para el estudio de la terraza, en general, y de la cubierta habitable, en particular.[16] Lo que verdaderamente hace saludable y completamente higiénica a la clínica, sostiene Döcker, es la utilización de sus terrazas, ley extensible a cualquier tipología, ya sea la vivienda colectiva (una traslación inmediata tras eliminar el mobiliario médico), la unifamiliar, el hotel o el edificio de oficinas. Con ello se puede incluso garantizar la salubridad de la ciudad y, por extensión, al tratarse siempre de cubiertas planas, embellecer su hasta entonces torturado perfil.

thing that interests us; nor that of robust children on the terrace roofs of other German clinics of the time, either. It is necessary to add how, thanks to rigorous study of the sun's impact on rooms and terraces (which determines the height and depth of both), Waiblingen is converted into an integral hygienest design in which plan and section are wholly dependent on the new precepts. Consequently, we totally agree with those critics who have sought to turn the sanatorium, and the clinic, which is a by-product of it, into the Modern Movement's first hygienist prototype.[14] Stanislaus von Moos has gone yet further in likening it to the machinist imagery of ocean liners.[15]

What role does the roof play, then, in the genesis of this new typology? For Döcker, of course, it occupies a central place. In 1929, the year he finishes the clinic, Döcker publishes his book *Terrassentyp*, a volume that eventually becomes a work of reference (it remains so today) for study of the terrace roof in general and the inhabitable roof in particular.[16] What genuinely makes the clinic healthy and completely hygienic, Döcker argues, is the utilisation of its terraces, a law applicable to any typology, be it communal housing (an instant change after getting rid of the medical furnishings), the detached house, the hotel or the office building. With it you may actually guarantee the salubriousness of the city and, by extension, because flat roofs are always involved, embellish its hitherto tortured skyline.

16 Döcker, Richard, *Terrassentyp: Krankenhaus, Erholungsheim, Hotel, Bürohaus, Einfamilienhaus, Siedlunghaus, Miethaus, und die Stadt*, Akademischer Verlag Dr. Fritz Wedekind & Co., Stuttgart, 1929.

16 Döcker, Richard, *Terrassentyp: Krankenhaus, Erholungsheim, Hotel, Bürohaus, Einfamilienhaus, Siedlunghaus, Miethaus, und die Stadt*, Akademischer Verlag Dr. Fritz Wedekind & Co., Stuttgart, 1929.

Richard Döcker, sanatorio de Waiblingen, Alemania, 1928: las habitaciones se prolongan sobre la terraza en un día de sol.
Richard Döcker, sanatorium in Waiblingen, Germany, 1928: the rooms are prolonged onto the terrace on a sunny day.

Otto Bartning, clínica infantil Rittberg, Berlín, Alemania, 1927-1928: curación infantil al aire libre: ¿una terapia beneficiosa?
Otto Bartning, Rittberg Children's Clinic, Berlin, Germany, 1927-1928: curing infants in the open air: a beneficial treatment?

LA EXÉGESIS DEL AIRE LIBRE: EDUCACIÓN Y GIMNASIA

La consumación del prototipo sanitario condujo finalmente a que los ponentes del segundo CIAM (Francfort, 1929) adoptaran como propia la tríada "Luz, aire y sol" y la transformaran en el credo absolutista de la reinterpretación del higienismo por parte del movimiento moderno. Estos requisitos los matizaron Walter Gropius con el concepto de "apertura", y Sigfried Giedion (secretario del Congreso y autor del manual *Befreites Wohnen*[17]) con el de "espacio". El nuevo higienismo no se preocupaba ya por los viejos problemas de insalubridad urbana del siglo XIX, pero reinterpretó la "higiene social" de entonces como una reeducación del individuo en sociedad, fundamentalmente a través de la transformación de la vivienda, así como de los edificios públicos y equipamientos.

Pero la reeducación debía sin duda ir precedida de la primera educación de los más jóvenes bajo las condiciones higienistas. La tradición de la educación al aire libre, que anclaba sus raíces en la escuela pedagógica anglosajona de principios de siglo, estaba enfocada a la enseñanza de alumnos pretuberculosos. Para ello, las clases tenían que ser cortas para no cansarlos y las aulas debían estar en contacto con la naturaleza para su cura. El vínculo (de larga raigambre como se ha visto) entre los espacios abiertos del edificio y la enfermedad se rompió, en el caso de la escuela, por tres proyectos paradigmáticos. Por un lado, la escuela en Suresnes, a las afueras de París, de Eugène Beaudouin y Marcel-Gabriel Lods, que sacaba provecho de su ubicación en una amplia zona verde, para organizar sus aulas en un abanico de unos pabellones, cuyas cristaleras se replegaban de modo que permitían la total continuidad del espacio lectivo con el exterior. En segundo lugar, la escuela al aire libre que proyecta Johannes Duiker en un patio de manzana de Amsterdam, aunque en este caso el entorno

EXEGESIS ON THE OPEN AIR: TEACHING AND GYMNASTICS

Consummation of the sanitary prototype finally led to the speakers at the second CIAM (Frankfurt, 1929) adopting as their own the triad "light, air and sun," transforming it into the absolutist credo of the reinterpretation of hygienism on the part of the Modern Movement. Walter Gropius nuanced these requirements with the concept of "openness," and Sigfried Giedion (Congress secretary and author of the manual *Befreites Wohnen*)[17] with that of "space." The new hygienism was no longer preoccupied by old 19th-century health problems but reinterpreted the "social hygiene" of the time as a question of re-educating the individual in society, basically through the transformation of housing, along with public buildings and amenities.

Retraining was to be preceded, of course, by early training of the youngest along hygienist lines. The tradition of open-air education, which had its roots in Anglo-American schooling of the early part of the century, was focussed on the teaching of pre-tubercular pupils. For that reason classes had to be short so as not to tire them, and classrooms were meant to be in contact with nature for their treatment. The link (with its long history, as has been seen) between the open spaces of the building and the disease was broken, in the case of the school, by three paradigmatic projects. Firstly, the school in Suresnes, on the outskirts of Paris, by Eugène Beaudouin and Marcel-Gabriel Lods, which benefited from its siting in an ample green belt in order to organise its classrooms in an array of blocks whose glass panes were deployed in such a way that they permitted the school space to have total continuity with the outside. Secondly the open-air school that Johannes Duiker designs in a city-block courtyard in Amsterdam, although in this instance the urban environment calls for another layout of the teaching spaces

17 GIEDION, SIGFRIED, *Befreites Wohnen. 86 Bilder eingeleitet von Sigfried Giedion*, Orell Füssli Verlag, Zúrich, 1929.

17 GIEDION, SIGFRIED, *Befreites Wohnen. 86 Bilder eingeleitet von Sigfried Giedion*, Orell Füssli Verlag, Zurich, 1929.

Jan Duiker, Escuela al Aire Libre, Amsterdam, Holanda, 1927-1928
Jan Duiker, Open Air School, Amsterdam, Holland, 1927-1928.

18 De la memoria del proyecto, citada en FRAMPTON, KENNETH, *Modern Architecture: A Critical History*, Thames & Hudson, Londres, 1980; (versión castellana: *Historia crítica de la arquitectura moderna*, Editorial Gustavo Gili, Barcelona, 2000¹⁰, pág. 134).

18 From the project description cited in FRAMPTON, KENNETH, *Modern Architecture: A Critical History*, Thames & Hudson, London, 1980.

urbano impone otra disposición de los espacios docentes (apilados en cuatro pisos en vez de dispersos), permanece intacto el gesto de Suresnes gracias a la existencia de generosos balcones en las esquinas a los que se abren las clases. Finalmente, es obligatorio reseñar el proyecto no construido de Hannes Meyer y Hans Wittwer para la Peterschule en Basilea, que enfatiza la incipiente idea de Amsterdam de hacer de la cubierta el verdadero espacio educativo en el exterior: "La escuela en sí está tan elevada como es posible sobre el suelo, hasta [el] nivel en que hay luz solar y aire puro. En la planta sólo [hallamos] la piscina y el gimnasio en un recinto. La restante zona del campo de juegos queda a disposición del tráfico público y el aparcamiento. En vez de como campo de juegos, los espacios abiertos (plataformas suspendidas) y todos los tejados planos del edificio están dedicados al recreo de los niños".¹⁸

Si para los niños el juego y el ejercicio formaban una parte importante del proyecto educativo, no lo eran menos para la reeducación adulta el deporte y la gimnasia. Puesto que en las colmatadas ciudades europeas (excepción hecha de los barrios de realojamiento alemanes) no era fácil encontrar el espacio público donde practicarlo, la azotea, como espacio urbano exterior donde abundaba la luz, corría el aire y que calentaba el sol, adquiere de pronto una relevancia inesperada. En las terrazas privadas, los

(piled up on four floors instead of dispersed), the Suresnes gesture remains intact thanks to the existence of generous corner balconies onto which the classrooms open. Lastly, it is obligatory to describe the unbuilt project by Hannes Meyer and Hans Wittwer for the Peterschule in Basle, which emphasises Amsterdam's incipient idea of making the rooftop the genuine teaching space on the outside: "The School itself is raised as far as possible above the ground to a level where there is sunlight and fresh air. On the one floor there is only the swimming bath and the gymnasium in a enclosed space. The remaining area of the playground is released for public traffic and parking. Instead of a playground, two open spaces (suspended platforms) and all the flat roofs of the building are assigned to the children for recreation."¹⁸

If for children play and exercise formed an important part of the educational project, sport and gymnastics were no less important for adult retraining. Given that in the densely packed European city (with the exception of areas of local German rehousing) it wasn't easy to find the public space to practice this, the flat roof, as an exterior urban space heated by the sun, in which light abounded and the air circulated, soon acquired an unforeseen relevance. On private terrace roofs healthy, radiant Europeans exerted themselves in their gymnastic corners, with wall bars for exercising on, trapezes to fool around

Guardería en Kingsway, Londres, Reino Unido, 1938.
Nursery on Kingsway, London, United Kingdom, 1938.

Europahaus, Berlín, Alemania, 1932: gimnasia colectiva sobre la azotea.
Europahaus, Berlin, Germany, 1932: communal gymnasium on the flat roof.

Robert Mallet-Stevens, villa Noailles, Hyères, Francia, 1923-1933: la cama al aire libre.
Robert Mallet-Stevens, Villa Noailles, Hyères, France, 1923-1933: bed in the open air.

Richard Döcker, viviendas en la Weisenhofsiedlung, Stuttgart, Alemania, 1927: tabla de ejercicios en una terraza.
Richard Döcker, housing on the Weisenhofsiedlung, Stuttgart, Germany, 1927: exercise panel on a terrace.

europeos sanos y radiantes se ejercitaban en sus rincones gimnásticos, con espalderas para ejercicios, pequeños trapecios malabaristas e incluso camas donde reposar tras el esfuerzo. En las públicas, los trabajadores interrumpían su jornada laboral para airearse en grupo, y a veces se organizaban espectáculos de gimnasia rítmica que amenizaban, junto a una orquesta, la hora del café.

Son estampas todas ellas que destilan la ingenuidad y el optimismo de una época (la de la República de Weimar) en la que el nuevo higienismo parecía haber curado los males sociales a través de la adoración del cuerpo, la nueva divinidad (¿por qué están tan contentos los enfermos de las clínicas, por qué juegan tan despreocupadamente los niños a pecho descubierto bajo el cielo plomizo de Londres?). Estas alegres postales no tardaron en mostrar su lado más tétrico: el culto al cuerpo se convirtió en unos años en el culto a la raza que, con consecuencias desastrosas, puso en marcha el régimen nacionalsocialista.

Esta connotación política no se debe obviar si se pretende hacer balance de por qué y cómo se colonizaron las azoteas por parte del higienismo. A la ocupación despreocupada y meramente circunstancial de los pioneros de la revolución técnica se contrapone ahora un acto (no sólo el uso, sino también el diseño de la terraza) de orden sociológico e ideológico, y, por tanto, cargado de simbología.

on, and even beds to rest on after all the effort. On the public ones workers interrupted their workday to take the air in groups and sometimes calisthenic displays were organised which, along with an orchestra, enlivened the coffee break.

All these are vignettes which distil the ingenuity and optimism of an era (that of the Weimar Republic) in which the new hygienism seemed to have cured social evil through the adoration of the body, the new divinity (why are the patients in the clinics so contented? Why do the barechested children play so unconcernedly beneath the leaden London skies?). It didn't take long for these jolly postcards to reveal their more pessimistic side: in a few years the cult of the body would turn into the cult of the race that, with disastrous consequences, the National Socialist regime set in motion.

This political connotation ought not to be overlooked if we seek to take stock of why and how flat roofs were colonised by hygienism. Counterposed to the unconcerned and merely circumstantial occupation of the pioneers of the technical revolution there is now an action (not only the use but also the design of the flat roof) of a sociological and ideological kind, and thus one that is replete with symbolic systems.

LA COMPONENTE URBANA

THE URBAN COMPONENT

MIRAR DESDE LO ALTO

El impacto en la ciudad de las revoluciones técnica e ideológica citadas no tardó en dejarse ver, y el poso teórico que sobre el pensamiento urbano ya habían dejado a finales del siglo XIX se transformó en un conjunto de nuevas pautas, que guiaron su diseño a comienzos del siglo XX, y según las cuales la cubierta adquiere un nuevo protagonismo: deja de ser propiedad exclusiva del edificio para convertirse en un elemento no sólo de escala urbana, sino también aprovechable por los nuevos flujos que configuran la vida de la ciudad.

Parece que Christopher Alexander estaba probablemente lejos de pensar en la génesis de la ciudad vertical, cuando en *Un lenguaje de patrones* insiste en que la mejor manera de aprehender la realidad urbana y su tejido es encaramarse a una de sus atalayas; sus palabras son reveladoras al enunciar que "el instinto de escalar a los lugares altos desde los cuales puedes mirar hacia abajo y estudiar tu mundo parece ser uno de los instintos humanos fundamentales. La aldea más pequeña parece siempre tener una atalaya dominante, normalmente la torre de la iglesia. Las grandes ciudades tienen cientos de ellas".[19]

Fueron precisamente cientos, incluso miles, las nuevas atalayas que espontáneamente surgieron en la ciudad americana con la llegada del rascacielos, resultado, como ya se ha señalado, de la aplicación de la estructura de acero y de la invención del ascensor. Desde su nueva ata-

LOOKING DOWN FROM ON HIGH

The impact on the city of the above technical and ideological revolutions was not slow in making itself visible, and the technical residue that these had already left on urban thinking at the end of the 19th century was transformed into a set of new norms that guided its design at the beginning of the twentieth, and according to which the roof acquires a new role: it ceases to be the exclusive property of the building and turns into an element not only of urban scale but one also usable by the new flows configuring the life of the city.

It appears that Christopher Alexander was probably far from thinking about the genesis of the vertical city when in *A Pattern Language* he insists that the best way to understand urban reality and its fabric is to climb up to one of its vantage points; his words are revealing when he declares that "the instinct to climb up to some high place, from which you can look down and survey your world, seems to be a fundamental human instinct. The tiniest hamlets have a dominating landmark—usually the church tower. Great cities have hundreds of them."[19]

Numbered in their hundreds, even thousands, were the new vantage points which spontaneously emerged in the American city with the arrival of the skyscraper, a consequence, as has already been said, of the utilisation of the steel framework and the invention of the elevator. From their new skyscraper-lookout, apartment or

19 ALEXANDER, CHRISTOPHER, *A Pattern Language: Towns, Buildings, Constructions*, Oxford University Press, Nueva York, 1977, pág. 316; (versión castellana: *Un lenguaje de patrones. Ciudades, edificios, construcciones*, Editorial Gustavo Gili, Barcelona, 1980).

19 ALEXANDER, CHRISTOPHER, *A Pattern Language: Towns, Buildings, Constructions*, Oxford University Press, New York, 1977, p. 316.

laya-rascacielos, vivienda u oficina, el habitante de Nueva York o Chicago tenía por primera vez el privilegio de contemplar el paisaje urbano a sus pies. Dada la estrechez de la calle y la altura de los edificios, estaba lejos de poder comprender el tejido urbano en la manera en que Alexander hubiera deseado, pero sí encontraba en cambio un para él desconocido paisaje de cubiertas, un campo a la vez yermo, oscuro y despoblado.

Todo ello pareció estar en la mente de Raymond Hood cuando esbozó su proyecto para remodelar las cubiertas de los cuerpos más bajos del Rockefeller Center. Había sido el propio Hood quien acuñara el término *viewscapes*, al tratar de designar con él los "paisajes para la vista" que se encontraban al mirar hacia abajo desde la torre más alta del Rockefeller; una visión que, sin duda, le había producido una doble frustración, pues se trataba de lugares sin aprovechar y su calidad estética dejaba mucho que desear. Para paliar este efecto, Hood proyectó en los edificios bajos un ambicioso conjunto de jardines colgantes, con frondosas arboledas y juegos de agua y que, sorprendentemente, se comunicaban entre ellos salvando la sima de la calle a través de puentes peatonales. Tras la muerte de Hood, el equipo encargado de llevar a cabo el proyecto optó por una solución mucho más discreta; desaparecieron los puentes y se sacrificó la intrincada trama paisajística —que quería ser un lugar de estancia, un oasis urbano— por un simple jardín ornamental.[20] Aunque reducido a un tapiz verde con unas pocas plantas decorativas, el jardín que aún hoy perdura contribuye probablemente a embellecer los torturados *viewscapes*, pero está lejos de cumplir el papel de ciudad sobre la ciudad que Hood había deseado para estas cubiertas.

office, the inhabitants of New York or Chicago had the privilege of contemplating the urban landscape at their feet for the first time. Given the narrowness of the street and the height of the buildings, they were far from being able to comprehend the urban fabric in the way Alexander would have wished, but they did however encounter a landscape of rooftops unknown to him, a field at once barren, confused and depopulated.

All this seemed to be playing through Raymond Hood's mind when he sketched his design for remodelling the roofs of the lowermost bodies of the Rockefeller Center. Hood, it was, who had coined the word "viewscapes" when trying to designate what was seen when looking down from the highest tower of the Rockefeller; a vision that had doubtless left him doubly frustrated since these were unexploited spots and their aesthetic quality left a lot to be desired. In order to lessen this effect Hood designed an ambitious group of hanging gardens with verdant tree cover and water features on the low buildings, which surprisingly communicated with each other by crossing the chasm of the street on footbridges. After Hood's death the team entrusted with seeing the project through opted for a much discreeter solution; the bridges disappeared and the intricate landscaped scheme—which sought to be a place of relaxation, an urban oasis—was given up for a simple ornamental garden.[20] Although reduced to a green carpet with a few decorative plants, the garden that still survives today probably helps embellish the tortured *viewscapes*, but it's far from fulfilling the city-on-top-of-the-city role Hood had wanted for these roofs.

20 El proyecto de las cubiertas del Rockefeller Center se analiza con precisión en OSMUNDSON, THEODORE, *Roof Garden History. Design and Construction*, W. W. Norton & Co., Londres/Nueva York, 1999, págs. 132-134.

20 The project for the Rockefeller Center roofs is analysed with precision in OSMUNDSON, THEODORE, *Roof Garden History. Design and Construction*, W. W. Norton & Co., London/New York, 1999, pp. 132-134.

"Mirar desde lo alto" (según Christopher Alexander).
"Looking down from on high" (according to Christopher Alexander).

El "campo yermo, oscuro y despoblado" de las azoteas neoyorquinas (1932).
The "field at once barren, confused and depopulated" of New York's flat roofs (1932).

Raymond Hood, Rockefeller Center, Nueva York, EE UU, 1930-1933:
dibujo a lápiz del proyecto y estado actual de las cubiertas ajardinadas.
Raymond Hood, Rockefeller Center, New York, USA, 1930-1933:
pencil drawing of the project and current state of the landscaped roofs.

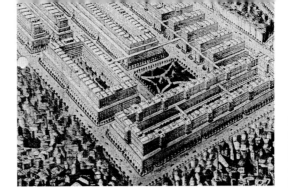

Henri-Jules Borie, Aérodômes, París, Francia, 1867.
Henri-Jules Borie, *Aérodômes*, Paris, France, 1867.

LA CIUDAD MULTICAPA

También para el utopista Henri-Jules Borie, la verticalización permitida por el uso de las innovadoras "habitaciones móviles" había desviado inmediatamente su atención hacia la azotea, a la que se podía acceder ahora fácilmente, aunque, como era el caso de los Aérodômes, se encontrara en la undécima planta. Seguramente poco o nada le había preocupado al francés el problema estético del americano, pero sí coincidía con él en el enfoque urbanístico. No en vano, el proyecto de los Aérodômes, como buen ejemplo de la escuela del urbanismo social a la que pertenecía, pretendía una reconsideración integral de los barrios insalubres de París, pues, según Peter Wolf, "[Borie] parecía estar ansioso por descubrir un método económicamente viable por el cual los

THE MULTILAYERED CITY

For the utopian Henri-Jules Borie, too, the verticalisation made feasible by the use of innovatory "mobile rooms" had immediately caused him to shift his attention towards the flat roof, to which one could now easily accede, although, as in the case of the *Aérodômes*, one might find oneself on the eleventh floor. Clearly, the American's aesthetic problem had concerned the Frenchman but little, if at all, yet they did agree on the urbanistic focus. Not for nothing did the *Aérodômes* project, as a good example of the school of social urbanism to which it belonged, seek after an integral reconsideration of the insalubrious quarters of Paris, since, according to Peter Wolf, "Borie was anxious to discover an economically feasible means by which

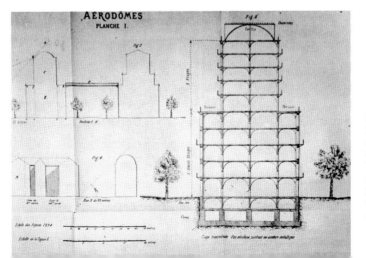

El ágora de cubierta y los paseos peatonales elevados en una sección de los Aérodômes.
The main square on the roof and the elevated pedestrian walkways on a section of the *Aérodômes*.

vecindarios muy poblados pudieran ser regenerados con más y mejor vivienda, parques, suficiente luz solar, aire más limpio, mejor circulación".[21]

Aparte de las connotaciones higienistas, lo que más nos interesa en este caso es la creación de un nuevo tejido urbano mediante la repetición sistemática de un edificio estándar de vivienda. Sobre la cubierta de cada uno de los bloques, Borie planeaba levantar pequeñas construcciones que albergaran toda la vida pública de la nueva ciudad, desde los edificios administrativos a las escuelas, guarderías y gimnasios. Auténtico foro público en altura, se avanzaba en más de un siglo al concepto de Unidad de Habitación. Lejos de ser autónomas, estas "unidades" se conectaban unas con otras a través de esbeltos puentes que volaban a gran altura sobre el nivel del suelo y que comunicaban toda una trama de calles peatonales, recorriendo los edificios sobre la cubierta en su quinta planta. Para permitir una mejor circulación y quizá para distanciarse de la calle insalubre, Henri-Jules Borie separaba los tráficos urbanos en distintos niveles: el peatonal en altura y el pesado a ras de suelo.

Habría que remontarse hasta el renacimiento, y toparse ahí de nuevo con el *Manuscrito de París* de Leonardo da Vinci, para entender el verdadero sentido de esta estratificación del suelo. La ciudad de

crowded neighbourhoods could be reconstituted with more and better housing, parks, sufficient sunlight, cleaner air and good circulation."[21]

Apart from the hygienist connotations, what most interests us in this instance is the creation of a new urban fabric by means of the systematic repetition of a standard apartment building. On the roof of each of the blocks Borie planned to erect small structures that would accommodate the entire public life of the new city, from administrative buildings to schools, nurseries and gymnasia. An authentic high-rise public forum, it was in advance of the Unit of Habitation concept by more than a century. Far from being autonomous, these "units" were interconnected via slender bridges which soared at a great height above ground level and linked a whole network of pedestrianised streets crossing the fifth-floor rooftops of the buildings. In order to allow for improved circulation and to perhaps keep a distance from the insalubrious street, Henri-Jules Borie separated urban traffic into distinct levels: the pedestrian on high and the slow-moving at street level.

We would have to go back as far as the Renaissance, and encounter Leonardo da Vinci's *Paris Manuscript* again, in order to grasp the true meaning of this stratification of the ground.

21 Wolf, Peter, "City Structuring and Social Sense in 19th and 20th Century Urbanism", en *Perspecta*, 13-14, 1971, págs. 227-233.

21 Wolf, Peter, "City Structuring and Social Sense in 19th and 20th Century Urbanism", *Perspecta*, 13-14, 1971, pp. 227-233.

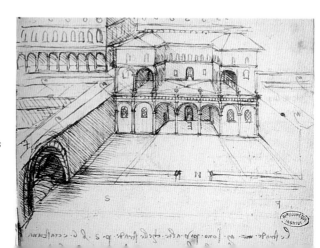

Leonardo da Vinci, *Ciudad de dos niveles* (*Manuscrito de París*, 1490): canales, calles y atrios.
Leonardo da Vinci, *City on Two Levels* (*Paris Manuscript*, 1490): canals, streets and atriums.

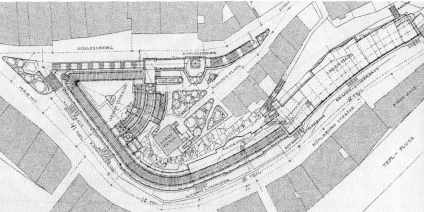

Otto Wagner, columnata, Karlsbad, Alemania, 1906: el monumentalismo urbano llevado a la cubierta.
Otto Wagner, colonnade, Carlsbad, Germany, 1906: urban monumentalism at roof level.

dos niveles que proyectó Leonardo para reconstruir un Milán diezmado tras años de plagas, preveía separar el tráfico de las mercancías y desechos en un nivel inferior de canales desviados del río Ticino, mientras que se reservaba para el trasiego de personas y carruajes el nivel superior, conectado con los atrios de acceso de las villas. Desde una perspectiva moderna, la ciudad de dos niveles era un proyecto tan extemporáneo que lo podían haber tomado, y casi al pie de la letra, los que en los albores del siglo XX decidieron rescatar de las cenizas la idea de la ciudad multicapa.

El primero en hacerlo, aunque de un modo desconcertante, fue un arquitecto de corte tan clásico como Otto Wagner, al proyectar un paseo arbolado sobre la cubierta de su columnata en Karlsbad: una propuesta en la que parecía estar más atento a cuestiones de orden academicista —el paseo y sus árboles como entablamento de la composición tripartita del conjunto monumental— que a verdaderas preocupaciones funcionales. Mientras tanto, todos los funcionalistas se afanaban en recomponer el rompecabezas en que se había convertido la calle con la irrupción del transporte mecanizado.

The City on Two Levels planned by Leonardo for the reconstruction of a Milan decimated by years of plague envisaged separating the transport of merchandise and of waste on a lower level of canals drawing on the River Ticino, while the upper level, connected with the entrance atriums to the villas, was reserved for the moving of people and carriages. From a modern perspective the City on Two Levels was so in advance of its own time that those who at the dawn of the 20th century decided to resurrect the idea of the multilayered city might have adopted it, and almost verbatim.

The first to do so, albeit in a disconcerting way, was an architect as classical in appearance as Otto Wagner, when designing the tree-lined avenue on the roof of his colonnade in Karlsbad: a scheme in which he seemed to be more attentive to questions of an academic order—the avenue and its trees as entablature of the tripartite composition of the monumental complex—than to genuine functional issues. In the meantime the functionalists as a whole were striving to reconstitute the jigsaw puzzle the street had become with the irruption of mechanised transport.

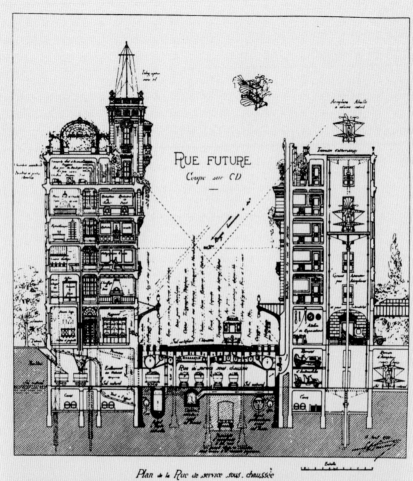
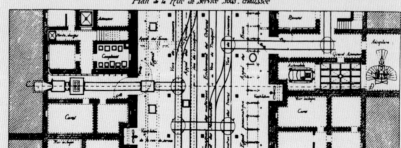

Eugène Hénard, La calle del futuro, 1910.
Eugène Hénard, Street of the Future, 1910.

Uno de los primeros que se preocuparon por este impacto de la máquina fue Eugène Hénard, y posteriormente lo hicieron Antonio Sant'Elia y Ludwig Hilberseimer. Hénard planificó para París los primeros proyectos de pasos a nivel que fueran tan populares en la década de 1960 y construyó toda una teoría sobre la organización de la calle del futuro. Su calle futura contemplaba la circulación de todos los tráficos urbanos en varios niveles y en el interior de una innovadora jaula tridimensional de acero. En las cotas más bajas discurrirían las mercancías, y al aire libre el ferrocarril y los peatones. Como en el caso de Borie, para Hénard la complejidad de la calle iba asociada a la complejidad del inmueble, a su crecimiento vertical y, paradójicamente, al uso de la azotea. Son reveladores sus argumentos que, en una ocasión, esgrimió para presentar su proyecto de calle futura: "En las ciudades pobladas, se va haciendo cada vez más imperativo el uso de la cubierta plana. Tiene la doble ventaja de ser duradera y de aportar una superficie igual a la impronta en planta de todo el edificio. Con toda la gama de ventajas que nos aporta el empleo del hormigón armado, la cubrición de nuestro edificio mediante una plataforma horizontal se ha convertido en una cuestión sencilla; esta plataforma se podría plantar con pequeños jardines florales… Pero una función más importante de estas terrazas es que en un futuro cercano serán utilizadas como zonas de aterrizaje de aeronaves".[22]

Bien relatada y bien detallada en sección, a la compleja calle de Hénard parecía faltarle el complemento espacial de la profundidad, la tercera de las dimensiones. El problema del cruce de tráficos a nivel de la calle se explica en Sant'Elia e Hilberseimer con sendas representaciones tridimensionales fugadas, de la Città Nuova el primero y de la Hochhausstadt el segundo. No coincidimos con las voces que han desdeñado el verdadero mérito de la Città Nuova al aducir un camuflaje de

One of the first people who worried about the impact of the machine was Eugène Hénard, as later did Antonio Sant'Elia and Ludwig Hilberseimer. Hénard planned for Paris the first level crossing designs that were so popular in the 1960s and constructed an entire theory about the organisation of the street of the future. His Street of the Future posited the circulation of all urban traffic on various levels inside an innovatory three-dimensional steel cage. Goods would move on the lowest levels, with railway and pedestrians in the open air. As with Borie, for Hénard the complexity of the street was associated with the complexity of the apartment building, with its vertical growth and, paradoxically, with use of the flat roof. The arguments which, on occasion, he put forward in order to present his Street of the Future project are revealing: "In populous cities the flat roof is becoming more and more imperative. It has the twofold advantage of being exceedengly durable while at the same time it brings an area equal to the area of the whole house into useful service. With the varied advantages which the employement of armoured cement (reinforced concrete) offers, the covering of our house with a level platform has become a simple matter; this platform could be planted with small flower gardens… But a still more important function to be performed by these terraces is that in the near future they will be used as landing areas for aeroplanes."[22]

Well described and extremely detailed in section, Hénard's complex street seemed to lack the spatial complement of depth, the third of the dimensions. The problem of the intersection of traffic at street level is explained in Sant'Elia and Hilberseimer by their respective three-dimensional perspective drawings of the former's Città Nuova and the latter's Hochhausstadt. We do not agree with those critics who have poured scorn on the genuine merit of the Città Nuova when citing a camouflaging of the lack of per-

22 Citado en Wolf, Peter, op. cit., pág. 92.

22 Cited in Wolf, Peter, Eugène Hénard and the Beginning of Urbanism in Paris 1900-1914, op. cit., p. 92.

las carencias de funcionamiento tras el innegable virtuosismo gráfico (en particular C. L. Raggianti, que ha tildado la propuesta como "una *arquitectura ut pictura* [...], de cuyos dibujos nada se puede deducir que sea esencial o útil para cualquier experiencia posterior de urbanismo [...], por la indefinición de una arquitectura cuyo contenido e intención es exclusivamente la espectacularidad").[23] La Città Nuova, además de demostrar gráficamente los postulados futuristas, reproduce con éxito la complejidad espacial de la urbe maquinista: las calles horadan el substrato del suelo hasta hacer de él una base casi topográfica, y las pasarelas peatonales se cruzan a muy diferentes niveles para acometer contra los edificios y convertirse, en las torres de servicios y ascensores, en verdaderas calles verticales al servicio de un énfasis muy próximo al expresionismo.

De la "ciudad en altura" de Hilberseimer se desconoce planimetría alguna, y sólo nos han llegado hasta nuestras fechas las perspectivas este-oeste y norte-sur. Hilberseimer es el más cartesiano de los funcionalistas, y su propuesta, sin duda, la más jerárquica que encontraremos, pues reproduce fielmente la teoría de la superposición de las capas. En la Hochhausstadt los tráficos se multiplican y se ordenan, de abajo arriba, en estratos que no interfieren entre sí: bajo tierra y en dos niveles, el transporte ferroviario pesado; en trinchera, generosas avenidas para vehículos privados; en altura, una red peatonal de plataformas y puentes para recorrer toda la ciudad. El orden jerárquico ascendente se lleva tan lejos que incluso divide la función y el volumen de la edificación en dos a partir del nivel peatonal: por debajo se suceden los oscuros y achatados edificios de oficinas, y por encima se alzan, más esbeltos, los bloques de viviendas, más parecidos, según Richard Pommer, a una necrópolis que a una metrópolis.[24] Gracias al retranqueo, las calles peatonales son a la vez la cubierta de las oficinas y el suelo de las viviendas.

formance beneath the undeniable graphic virtuosity (in particular C. L. Raggianti, who has stigmatised the scheme as "an *architecture ut pictura* [...], from whose drawings nothing can be deduced that is essential or useful for any later experiment in urbanism [...], due to the vagueness of an architecture whose content and intention is exclusively spectacular").[23] As well as graphically depicting the precepts of Futurism, the *Città Nuova* successfully reproduces the spatial complexity of the machinist metropolis: streets tunnel through the subsoil, turning it into an almost topographical base, and pedestrian footbridges intersect at all sorts of different heights and converge in front of the buildings, becoming, in the service towers and elevators, true vertical streets in the service of an emphasis very close to Expressionism.

No planimetry is known of Hilberseimer's High-Rise City, and the east-west and north-south perspective views are all that have come down to us. Hilberseimer is the most Cartesian of the functionalists, and his scheme, without doubt the most hierarchical we shall encounter, faithfully reproduces the theory of layering. In the Hochhausstadt the kinds of traffic multiply and are arranged, from the bottom up in strata which do not interfere with each other: below ground, and on two levels, heavy rail transport; in cuttings, wide avenues for private vehicles; high up, a pedestrian network of platforms and bridges for traversing the city as a whole. The ascending hierarchical order is taken so far that it even divides the function and the volume of the built mass in two at the pedestrian level: below, the sombre, flattened office buildings follow one another, while above stand the much slimmer apartment blocks, more like a necropolis than a metropolis,[24] as Richard Pommer put it. As a result of the stagger the pedestrianised streets are at once the roof of the offices and the floor of the apartments.

---

23 RAGGIANTI, C. L., en *La Crítica del arte X*, 56, 1963, págs. 1-22.
24 POMMER, RICHARD, "More a Necropolis than a Metropolis", en AA VV, *In the Shadow of Mies. Ludwig Hilberseimer. Architect, Educator and Urban Planner*, The Art Institute of Chicago/Rizzoli International Publications, Nueva York, 1988, pág. 17.

23 RAGGIANTI, C. L., in *La Crítica del arte X*, 56, 1963, pp. 1-22.
24 POMMER, RICHARD, "More a Necropolis than a Metropolis", in [Various authors], *In the Shadow of Mies. Ludwig Hilberseimer. Architect, Educator and Urban Planner*, The Art Institute of Chicago/Rizzoli International Publications, New York, 1988, p. 17.

Ludwig Hilberseimer, Hochhausstadt, 1924.
Ludwig Hilberseimer, Hochhausstadt, 1924.

Antonio Sant'Elia, *La città nuova*, 1914: bloque retranqueado con ascensores sobre cuatro niveles urbanos.
Antonio Sant'Elia, *La città nuova*, 1914: tiered block with elevators on four urban levels.

¿En qué estrato de la ciudad multicapa se encuentra, entonces, la verdadera cubierta urbana? Si por cubierta urbana entendemos un plano sobre un edificio por donde discurre la vida de la ciudad, desde luego las calles peatonales de Hiberseimer y Borie son las que más se le aproximan. Si, en cambio, la queremos ver como un ágora o centro de reunión de la vida ciudadana en altura, la encontramos sin duda sobre la azotea de los Aérodômes. Finalmente, si necesitamos hablar de una "ciudad sobre la ciudad", habría que remitirse al proyecto de Hood, pero, sobre todo, a la enigmática ilustración anónima que en 1913 apareció en la revista *Scientific American* y que desvelaba la organización del "Nueva York del futuro": una representación extrema del sueño funcionalista donde, en un laberinto tridimensional, los niveles subterráneos y los del tráfico se multiplican, las cubiertas peatonales se superponen y todas las azoteas quedan, por fin, comunicadas.

In what stratum of the multilayered city is the genuine urban roof to be found, though? If by urban roof we mean a plane on top of a building across which there flows the life of the city, then of course the pedestrianised streets of Hiberseimer and Borie are what come closest to this. If, on the other hand, we wish to see it as a high-rise agora or central meeting place of the citizenry, we doubtless find it on the flat roof of the *Aérodômes*. Finally, if we need to speak of a "city on top of the city," we'd refer to Hood's project, and above all to the enigmatic anonymous illustration that appeared in 1913 in *Scientific American* of the "New York of the future": an extreme representation of the functionalist dream in which, in a three-dimensional labyrinth, the subterranean levels and those of the traffic proliferate, the pedestrian roofs are superposed, and all the flat roofs are joined up at last.

La culminación de la ciudad multicapa ("Los rascacielos y la circulación del futuro en Nueva York", ilustración anónima publicada en *Scientific American,* 1913).
The culmination of the multilayered city ("Skyscrapers and the traffic of the future in New York", anonymous illustration published in *The Scientific American,* 1913).

Ebenezer Howard, imágenes publicitarias de la ciudad-jardín: el mañana de la urbe industrial.
Ebenezer Howard, advertising images of the garden city: the future of the industrial metropolis.

EL *GABARIT* Y LA CIUDAD-JARDÍN VERTICAL

El difícil encaje funcional de los proyectos que se acaban de revisar pareció llevar a sus autores a obviar cualquier preocupación ambiental o sobre la calidad del espacio urbano. No obstante, todos tenían a mano la experiencia reciente de Robert Owen y Ebenezer Howard, padres de lo que se convirtió en uno de los más duraderos conceptos del diseño urbano moderno: la ciudad-jardín.

Por un lado, las propuestas teóricas de Owen, incluidas dentro de los cánones del utopismo social, perseguían un nuevo tipo de tejido urbano independiente de las urbes industriales, donde primara el concepto de privacidad frente al de las relaciones sociales, en un intento, según Leonardo Benevolo, de "substraer la vida familiar a la promiscuidad y desorden de la metrópoli y de realizar [...] el máximo de ruralización compatible con la vida ciudadana".[25]

Por su parte, Howard adaptó un sesgo mucho más pragmático ya que intentó asociar los conceptos de densidad urbana y de especulación del suelo: cuanto más alejado se estuviera del centro industrial (y más cerca, por tanto, del campo), menor sería la presión especulativa y mayores las posibilidades de edificar a baja densidad. Bajo estas premisas y bajo una estricta normativa, que no sólo sectorizaba la ciu-

THE *GABARIT* AND THE VERTICAL GARDEN CITY

The difficult functional enmeshing of the projects just discussed seemed to lead their authors to forego any preoccupation with the environment or about the quality of urban space. Nevertheless, all of them had to hand the recent experience of Robert Owen and Ebenezer Howard, fathers of what would become one of the most durable concepts of modern urban design: the garden city.

To begin with, Owen's theoretical proposals, included within the canons of social utopianism, aimed at a new type of urban fabric that was independent of the industrial cities and in which the concept of privacy rather than that of social relations prevailed, in an attempt, as Leonardo Benevolo put it, "to put family life out of the reach of the promiscuity and disorder of the metropolis and to create [...] as much ruralisation as is compatible with civic life."[25]

For his part Howard adopted a much more pragmatic approach and attempted to link the notions of urban density and land speculation: the further one was from the industrial centre (and the closer, therefore, to the countryside), the lesser would be the speculative pressure and the greater the possibility of building at low density. The creation of the first two garden cities,

25 BENEVOLO, LEONARDO, *Storia dell'architettura moderna*, Laterza, Bari, 1960; (versión castellana: *Historia de la arquitectura moderna*, Editorial Gustavo Gili, Barcelona, 1999⁸, pág. 382).

25 BENEVOLO, LEONARDO, *Storia dell'architettura moderna*, Laterza, Bari, 1960; (English version: *History of Modern Architecture*, MIT Press, Cambridge [Mass.], 1971).

dad según sus usos, sino que también imponía una cuota determinada de espacio verde al suelo construido, se consumó la realización de las dos primeras ciudades-jardín inglesas: Welwyn y Letchworth. Aunque su sola existencia constituyera ya de por sí un considerable éxito, el triunfo de la idea fue parcial, puesto que, lejos de la autosuficiencia que deseaba Owen y dada la proximidad a Londres, ambas asumieron pronto un papel de ciudad-satélite respecto a la capital. A pesar de aprovecharse todas las virtudes de la vida al aire libre, nunca llegarían a un dinamismo económico propio.

La privacidad de Owen frente a la densidad de Howard son dos conceptos que se complementan. O así al menos pareció entenderlo Ernst May cuando se hizo cargo, en la década de 1920, de las políticas de realojamiento masivo de Francfort, que dieron lugar a los barrios que conocemos como *Das neue Frankfurt*. Los nuevos barrios acogieron a las clases más desfavorecidas mediante una ambiciosa política filantrópica que unió las donaciones privadas con subvenciones públicas, al tratar de equiparar los precios de los alquileres a rentas asequibles. May se encargó del proyecto de varias de las *Siedlungen*, y estableció las normas edificatorias y urbanísticas para construir el resto. La experiencia de Francfort constituye un notable punto de referencia en los ámbitos urbanístico, higienista y social. Urbanístico porque continúa la tradición inglesa de ciudad autónoma (si no en lo económico, al menos sí en los equipamientos), rodeada de verde y alejada de los centros de producción. Higienista porque se apropia de todos los enunciados de "Luz, aire y sol" aplicados a la vivienda, es decir, bloques orientados según la dirección norte-sur, de modo que los dormitorios disfrutan del sol del amanecer y las salas de estar del atardecer. Y social, fundamentalmente, porque se recupera al pie de la letra la unidad familiar como núcleo básico de

Welwyn and Letchworth, was accomplished under these premises and under a strict set of regulations, which not only sectorised the city according to its uses but also imposed a fixed quota of green space for built land. Although their mere existence would be a considerable success in itself, the triumph of the idea was partial, seeing as, far from having the self-sufficiency Owen wished for, and given the proximity of London, both soon took on the role of satellite towns in relation to the capital. In spite of profiting from all the virtues of life in the open air, they would never attain an economic dynamism of their own.

The privacy of Owen in contrast to the density of Howard are two concepts that are complementary. Or that at least is how Ernst May appeared to understand it when he took charge in the 1920s of the policy of massive rehousing in Frankfurt which gave rise to the districts we know as *Das neue Frankfurt*. The new neighbourhoods accommodated the more underprivileged classes via an ambitious philanthropic policy that brought together private donations and public subsidies in an attempt to bring rent charges into line with moderate incomes. May took over the planning of various of the *Siedlungen* and established the building and urbanistic norms for constructing the rest. The Frankfurt experiment is a notable reference point in urbanistic, hygienist and social circles. Urbanistic because it continues the English tradition of the autonomous city (if not in economic, at least in equipment terms), surrounded by greenery and distanced from the centres of production. Hygienist because it avails itself of all the expressions of "Light, air and sun" applied to housing; that's to say, blocks running north-south, in such a way that the bedrooms enjoy the dawn and the living areas the dusk. And social because fundamentally the family unit is rehabilitated verbatim as a basic nucleus of the

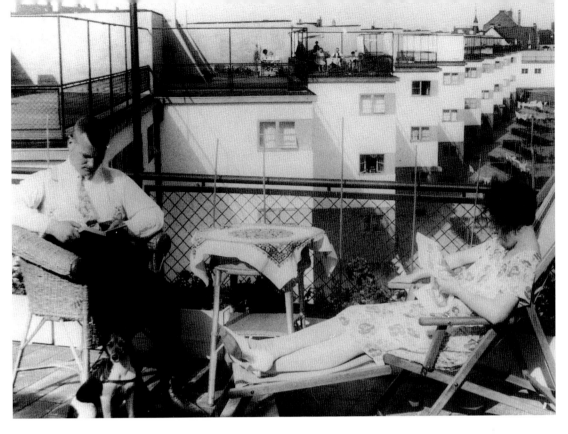

Ernst May, *Siedlung* Bruckfeldstrasse, Francfort, Alemania, 1927: maqueta preliminar de proyecto y escena familiar de época en un jardín elevado.
Ernst May, *Siedlung* Bruckfeldstrasse, Frankfurt, Germany, 1927: preliminary maquette of the design and family scene of the period on a raised garden.

la ordenación, una unidad que incluso tiene autonomía volumétrica dentro del perfil de los bloques, y que marca el nivel máximo de densidad edificatoria. La verdadera aportación de la experiencia de Francfort es el modo en cómo esta unidad familiar maneja el concepto de privacidad a través de las zonas al aire libre que le corresponden: un pequeño jardín privado en la parte trasera del bloque y una terraza habitable, también privada, que lo corona. Según la propaganda que en la época se difundió por la Sociedad de Construcción de Pequeñas Viviendas de Francfort, "terrazas como éstas pueden ser utilizadas para todo tipo de actividades: como lugar de juego para los niños, cuando la tierra está fría y húmeda; para la gimnasia y el deporte; para el reposo al aire libre; para secar la ropa o, sencillamente, para almorzar. Nuestros inquilinos no podrían prescindir de sus terrazas".[26]

Das neue Frankfurt es una ciudad-jardín en planta, y de ello dan fe tanto sus generosas zonas verdes comunes (según el coeficiente de proporción de Howard) como la porción de "naturaleza privatizada" para cada célula familiar. Pero Francfort es también el embrión de una ciudad-jardín en sección, ya que el espacio libre privatizado se ha trasladado ahora a la cubierta,

organisation, a unit that even has volumetric autonomy within the profile of the blocks, and which marks the maximum level of building density. The true contribution of the Frankfurt experiment is the way in which this family unit addresses the concept of privacy via the open-air areas belonging to it: a small private garden to the rear of the block and an inhabitable terrace roof, also private, which crowns it. According to the propaganda distributed at the time by the Frankfurt Society for Building Small-Scale Housing, "terrace roofs like these may be used for all kinds of activities: as a play area for children, when the ground is cold and damp; for gymnastics and sport; for drying the washing or simply for having lunch on. Our tenants couldn't do without their terrace roofs."[26]

Das neue Frankfurt is a garden city in plan, and testifying to this are both its generous communal green areas (according to Howard's proportional coefficient) and the portion of "privatised nature" for each family cell. Yet Frankfurt is also the embryo of a garden city in section, given that privatised open space has now shifted to the rooftop, creating a private, green corner up there in which every family may enjoy the fresh air and the sun.

[26] Citado en BORNGRAEBER, CHRISTIAN, "Francfort. La vie quotidienne dans l'architecture moderne", en *Les Cahiers de la recherche architecturale*, 15-17, primer trimestre de 1985, pág. 116.

[26] Quoted in BORNGRAEBER, CHRISTIAN, "Francfort. La vie quotidienne dans l'architecture moderne", in *Les Cahiers de la recherche architecturale*, 15-17, first quarter of 1985, p. 116.

Propaganda de la Gartenstadtgesellschaft (Sociedad de la Ciudad Jardín), Francfort, 1932: *Nuestros inquilinos no podrían prescindir de sus terrazas.*
Propaganda of the Gartenstadtgesellschaft (Garden City Society), Frankfurt, 1932: *Our tenants couldn't do without their terrace roofs.*

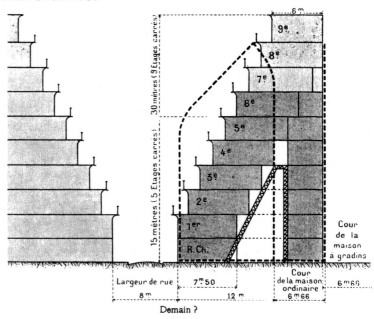

y ha creado para todas las familias un rincón verde y privado en lo alto donde disfrutar del aire libre y del sol.

En Francia, un arquitecto singular estaba llevando a cabo experimentos que enlazaban conceptualmente con lo que estableció Ernst May en Francfort. Entre 1913 y 1930, Henri Sauvage llegó a levantar un buen número de *immeubles à gradins* en París, una peculiar tipología de "inmueble retranqueado" que debe su origen a una astuta reinterpretación de las restrictivas normativas urbanísticas parisinas. Las ordenanzas de París habían sido el elemento determinante en la conformación de un tejido urbano caracterizado por una homogeneidad volumétrica y estilística que aún hoy admiramos. De hecho, para Sauvage se trataba de adaptar la ciudad decimonónica —que, como la medieval, seguía considerando oscura e insalubre— a las saludables reglas dictadas por el higienismo. El reglamento heredado del siglo XIX imponía un perfil en sección para el inmueble llamado gabarit o gálibo: las verticales

In France an outstanding architect was carrying out experiments that linked up conceptually with what Ernst May had done in Frankfurt. Between 1913 and 1930 Henri Sauvage managed to build a fair number of *immeubles à gradins* in Paris, an odd typology of "stepped building" which owes its origin to an astute reinterpretation of the restrictive Parisian city planning regulations. The Paris ordinances had been the key factor in the conformation of an urban fabric characterised by a volumetric and stylistic homogeneity we still admire today. For Sauvage, in fact, it was a matter of adapting the 19th-century city—which, like the medieval town, he continued to think of as dark and insalubrious—to the beneficial rules dictated by hygienism. The regulations inherited from the 19th century imposed a profile in section for the building called the *gabarit* or outline: the verticals which marked the alignments of the street and of the courtyard turned through 45° at the maximum cornice levels to mark out the respec-

Henri Sauvage, viviendas en la Rue de Vavin, París, Francia, 1912: el perfil retranqueado del inmueble permite abrir el cono solar de la calle (la línea discontinua marca la sección exigida por la normativa parisina).

Henri Sauvage, dwellings on the Rue de Vavin, Paris, France, 1912: the stepped profile of the apartment building enabled the solar cone of the street to be extended (the dotted line describes the section laid down in the city regulations).

que marcaban las alineaciones de la calle y del patio giraban 45° en los niveles máximos de cornisa para trazar las respectivas envolventes de cubierta, que se encontraban en el punto más alto de coronación.

Si bien en principio la posición tumbada de dichas envolventes de cubierta se ideó para abrir el cono de iluminación de la calle, a Sauvage le pareció a todas luces insuficiente. Mediante el retranqueo sucesivo de cada planta en la fachada de la calle, el *immeuble à gradins* propone ampliar el cono solar hasta obtener unos estándares mínimos de asoleo y ventilación. Tras esta innegable connotación altruista, algunos críticos[27] han puntualizado que se camuflaba una hábil operación de especulación inmobiliaria: puesto que todas las viviendas estaban dirigidas a la calle, Sauvage no necesitaba respetar la alineación del patio, y, por tanto, el punto máximo de coronación podía subir hasta permitirle añadir una o varias alturas de más.

Poco importa que se tratara de especulación o servicio a la comunidad, pues el verdadero mérito de inmuebles como rue de Vavin, primero, o rue des Amiraux, más tarde, es doble: además de ser edificios que, en la estela de los prototipos sanitarios y gracias al retranqueo, generalizan las ya inapelables normas higiénicas, aplicadas ahora a la vivienda y al entorno urbano, tienen la capacidad de prolongar cada una de éstas al exterior, hacia un pequeño jardín privado en altura. La porción de verde y de aire libre ya no se encuentra en el suelo, ni en la primera planta o en la azotea, sino que se halla dividida en partes iguales entre todas las unidades residenciales y en cada planta del edificio.

La sombra —mejor dicho, el perfil— del *immeuble à gradins* persiguió a Sauvage hasta el final de su vida y su obra hasta que, tras abandonar las restricciones del solar urbano que tan finamente había sabido utilizar, se embarcó en la producción de proyectos de escala y nombre

tive roof envelopes, situated at the highest point of the crown.

Although in principle the prone position of these roof envelopes was devised to open up the cone of illumination of the street, to Sauvage this seemed clearly insufficient. By means of the successive staggering of each storey on the street facade, the *immeuble à gradins* proposed to widen the solar cone in order to obtain certain minimum standards of insolation and ventilation. Some critics[27] have pointed out that behind this undeniably altruistic connotation there lay a clever operation of property speculation: since all the apartments faced towards the street Sauvage didn't need to respect the alignment of the courtyard, and so the highest point of the crown was able go on rising, enabling him to add one or more extra floors.

It matters little whether speculation or service to the community was involved since the genuine merit of the apartment houses in, firstly, the Rue de Vavin and later the Rue des Amiraux is twofold: as well as being buildings which, in the wake of the sanitary prototypes and due to the stagger, generalise the already irremediable hygienic regulations, now applied to housing and to the urban environment, they have the ability to prolong each of these outwards in the direction of a small private garden in elevation. The portion of green and of fresh air is no longer encountered at ground level, nor on the first floor or on the flat roof, but is divided, rather, in equal parts among all the residential units and on every floor of the building.

The shadow—better yet, the profile—of the *immeuble à gradins* followed Sauvage throughout his life and his work until, after abandoning the restrictions of the urban site he'd known so astutely how to use, he embarked on the production of designs of a Pharaonic scale and number, in pursuit of a dubious monumentality which fortunately remained on paper.

---

27 En particular MINNAERT, JEAN BAPTISTE, *Henri Sauvage*, Éditions Norma, París, 2002, págs. 161-162.

27 Particularly MINNAERT, JEAN BAPTISTE, *Henri Sauvage*, Éditions Norma, Paris, 2002, pp. 161-162.

Henri Sauvage, terraza: el retranqueo permite también la formación de un espacio verde privado para cada vivienda.
Henri Sauvage, terrace: the stepping also allows for the formation of a private green space for each dwelling.

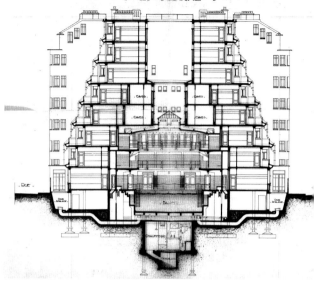

Henri Sauvage, Rue des Amiraux, 13, París, Francia, 1922.
Henri Sauvage, Rue des Amiraux, 13, Paris, France, 1922.

Henri Sauvage, proyecto Metrópolis a la orilla del Sena, París, Francia, 1928: la deriva babilónica de la teoría del *gabarit*.
Henri Sauvage, Metropolis project on the banks of the Seine, Paris, France, 1928: the Babylonic drift of the theory of the *gabarit*.

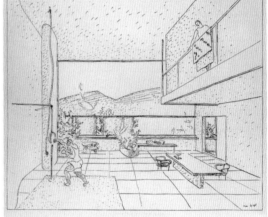

Le Corbusier, proyecto Wanner, Ginebra, Suiza, 1928-1929: "jardín suspendido" de un apartamento en un *immeuble-villa*.
Le Corbusier, Wanner project, Geneva, Switzerland, 1928-1929: the "hanging garden" of an apartment in an *immeuble-villa*.

Le Corbusier, *Immueble-villa de 120 villas superpuestas*, 1922: la culminación de la ciudad-jardín vertical.
Le Corbusier, *immeuble-villa* of 120 stacked villas, 1922: the culmination of the vertical garden city.

babilónicos, persiguiendo una dudosa monumentalidad que, por fortuna, se quedó en papel.

En una pirueta conceptual respecto a lo establecido por los padres del término, Le Corbusier fue el encargado de culminar esta singladura vertical de la ciudad-jardín. Lo que para aquéllos había quedado como una verdad inapelable (la privacidad sólo se conseguiría a baja densidad), ya lo habían puesto en tela de juicio primero Ernst May y sobre todo Henri Sauvage: la privacidad y el beneficio del jardín no sólo se podían conseguir a alta densidad, sino además en pleno centro urbano compacto. Atento a Francfort y París, y latente en su mente el recuerdo de las cartujas italianas que descubrió con ocasión de su primer viaje a Oriente, en las que cada celda se abría a un jardín privado, Le Corbusier sentenció el problema con sus propuestas de *immeubles-villas*. Como May, respetó la unidad familiar como elemento nuclear; como Sauvage, concedió a cada familia un espacio de verdor en altura. El resultado fue un inmueble de varias plantas en las que se apilan verticalmente unas células dúplex articuladas en torno a un "jardín suspendido" de dos alturas. El proyecto quedó en fase de proyecto.

Con el *immeuble-villa* culmina, además, la interpretación urbana de la cubierta habitable. Parece como si la pureza de los ideales de la conquista tecnológica y de las ansias higienistas hayan dejado paso a fenómenos de orden casi ajeno a la voluntad del proyectista: los de un organismo complejo y con vida propia, —la que le otorga el mecanismo maquinista o la política de realojamiento—, unos fenómenos mediante los cuales la propia ciudad va tomando posesión de su cubierta.

In a conceptual pirouette in terms of what the fathers of the term intended, Le Corbusier was the person responsible for bringing the vertical march of the garden city to a head. What for some had remained an incontrovertible truth (privacy would only be attained at low density), had already been called into question by Ernst May and above all Henri Sauvage: not only was the privacy and benefit of the garden possible to attain at high density, but the same was true for the middle of the compact urban centre as well. Mindful of Frankfurt and Paris, and with the recent memory of the Italian Carthusian monasteries he'd discovered on his first trip to the East, in which each cell opened onto a private garden, Le Corbusier gave his opinion on the problem with his schemes for *immeubles-villas*. Like May, he respected the family unit as a nuclear element; like Sauvage, he granted to each family a verdant space in elevation. The outcome was an apartment building on various floors in which a number of duplex cells articulated around a double-height "hanging garden" are piled up vertically. Unfortunately, the project remained on the drawing board.

What's more, the urban interpretation of the inhabitable roof peaks with the *immeuble-villa*. It seems as if the purity of the ideals of technological conquest and of hygienist anxieties have given way to phenomena of an order almost foreign to the will of the designer—those of a complex organism with a life of its own, the life that the machinist mechanism or rehousing policy grants it—phenomena by means of which the actual city begins taking possession of its roof.

EL LITIGIO DE LA CUBIERTA PLANA (HIPÓTESIS FINAL SOBRE LA FORMA)

LA "TEORÍA DE LA CUBIERTA-JARDÍN"

En 1927, Le Corbusier publicó en la revista *L'Architecture Vivante* la "Théorie du toit-jardin" ("Teoría de la cubierta-jardín"), un revelador artículo que ha permanecido prácticamente inédito a la sombra de la enorme difusión de sus 'Cinco puntos para una nueva arquitectura'. No es aventurado pensar que la "Teoría de la cubierta-jardín" contenga el germen del quinto y más extenso de los cinco puntos, aquel que trata sobre la planeidad y el uso de la terraza. Lejos del tono de manifiesto de dicho texto, Le Corbusier emprende en la "Teoría de la cubierta-jardín" un relato con fines demostrativos, que narra las emociones que, al inicio de su carrera, le produjo levantar las tres primeras villas en su localidad natal de La-Chaux-de-Fonds: "Desde 1906, he construido tres tejados inclinados; fueron los tres primeros. Estábamos en la montaña; los muros estaban preparados para recibir los cuchillos de madera. Quedé sorprendido a la vez por la belleza del área pura (la superficie exacta de la casa) que ofrecía esta culminación de la construcción. El cielo se vislumbraba desde cada esquina; lejos de la calle, se gozaba de una agradable sensación de bienestar y de seguridad. A la mañana siguiente, habiéndose colocado la cubierta, todo había desaparecido, todo estaba destruido [...]. Observé las cubiertas de las villas circundantes, mansardas o cubiertas a dos aguas de teja o pizarra. La nieve se fundía al contacto con la teja bajo el efecto de la calefacción central. Las bajantes y

THE DISPUTE ABOUT THE FLAT ROOF (FINAL HYPOTHESIS ABOUT FORM)

THE "THEORY OF THE ROOF GARDEN"

In 1927 Le Corbusier published "Théorie du toit-jardin" (Theory of the Roof Garden) in the magazine *L'Architecture Vivante*, a revealing article that has remained practically unknown in the shadow of the enormous diffusion of his "Five Points Towards a New Architecture." It isn't too foolhardy to think that the "Theory of the Roof Garden" contains the seed of the fifth and longest of the five points, the one dealing with inherent flatness and the use of the terrace roof. Far from the manifesto tone of said text, in the "Theory of the Roof-Garden" Le Corbusier embarks on a tale with demonstrative ends which speaks of the emotion he felt at the beginning of his career on building his first three villas in La-Chaux-de-Fonds, his home town: "Since 1906 I have built three sloping roofs; they were the first three. We were in the mountains; the walls were prepared to receive the wooden trusses. I was surprised at the time by the beauty of the pure area (the exact surface of the house) which this culmination of the building presented. The sky was glimpsed from each corner; far away from the street, you enjoyed an agreeable sensation of wellbeing and security. The next morning, having put the roof in position, everything had disappeared, all was destroyed [...]. I observed the roofs of the surrounding villas, mansards or ridge roofs of tile or slate. The snow was melting on contact with the tile under the effect of the central heating. On

 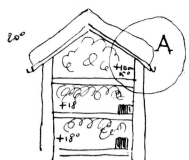 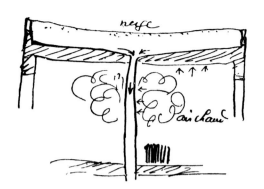

los canalones, al llenarse de agua helada, estallaban. Mientras, el agua continuaba fundiéndose bajo el manto de nieve [...] y no pudiéndose evacuar por los canalones bloqueados, encontraba su camino a través de las primeras hileras e inundaba la casa [...]. Me dije: desde hace siglos, un bajocubierta tradicional soporta normalmente el invierno con su capa de nieve, siempre y cuando se caliente la casa con estufas; desde el momento en que se instala la calefacción central, la cubierta inclinada ya no nos conviene. El techo no debe ser convexo sino cóncavo [...]. Verdad irrefutable: los climas fríos imponen la supresión de la cubierta inclinada y necesitan de la construcción de 'cubiertas-terraza' en cubeta con evacuación interior de las aguas [...]. Corolario: habiéndose encontrado la solución al caso extremo, se puede admitir que igualmente es aplicable a los casos medios (climas templados, suaves, o incluso cálidos). El hormigón armado es el nuevo medio que permite la realización de una cubierta homogénea [...]. Conclusión: razones de orden técnico, económico, de confort e incluso sentimentales nos llevan a adoptar como solución la 'cubierta-terraza'".[28]

En 1899, Otto Pfleghard y Max Häfeli ya habían experimentado con éxito en los Alpes la cubierta en cubeta en un clima extremo de alta montaña, en la construcción del sanatorio Schatzalp. Libre de canalones y bajantes exteriores, su estructura en hormigón armado se remata mediante un plano que desaloja las filfilling up with icy water the leaders and gutters cracked. Meanwhile, the snow continued melting on contact with the roof [...] and not being able to run off in the blocked gutters, the water found its way through the top course and inundated the house [...]. I said to myself: for hundreds of years now a traditional attic normally supports the winter with its layer of snow, always and whenever the house is heated with stoves; from the moment central heating is installed the slanting roof no longer suits us. The roof should be concave, not convex [...]. An irrefutable fact: cold climates demand the suppression of the slanting roof and call for the construction of dished 'roof-terraces' with an interior run-off of water [...]. Corollary: having found the answer to the extreme case, it may be admitted that it is equally applicable to more normal cases (temperate, gentle or even hot climates). Reinforced concrete is the new medium that permits the creation of a homogeneous roof [...]. Conclusion: reasons of a technical, economic, restful and even sentimental order lead us to adopt the 'roof-terrace' as a solution."[28]

In 1899 Otto Pfleghard and Max Häfeli had already successfully experimented in the Alps with the dished roof in an extreme high-mountain climate in the building of the Schatzalp Sanatorium. Devoid of gutters and external leaders, their reinforced-concrete structure is surmounted by a plane that expels the filtrations of snow (and rainwater too) towards vertical pipes

Le Corbusier, "Teoría de la cubierta-jardín", 1927.
Le Corbusier, "Theory of the Roof Garden", 1927.

28 LE CORBUSIER, "Théorie du toit-jardin, en *L'Architecture vivante*, otoño-invierno de 1927, págs. 13-18.

28 LE CORBUSIER, "Théorie du toit-jardin", in *L'Architecture Vivante*, Autumn-Winter 1927, pp. 13-18.

Otto Pfleghard y Max Häfeli, sanatorio Schatzalp, Suiza, 1900.
Otto Pfleghard and Max Häfeli, Schatzalp Sanatorium, Switzerland, 1900.

Sigfried Giedion, ilustración del libro *Bauen in Frankreich, Bauen in Eisen, Bauen in Eisenbeton,* 1928: la cubierta plana higieniza el paisaje insalubre de las mansardas de la gran ciudad.
Sigfried Giedion, illustration from the book *Building in France, Building in Iron, Building in Ferroconcrete,* 1928: the flat roof sanitises the insalubrious landscape of mansards in the big city.

Sigfried Giedion, páginas del libro *Befreites Wohnen,* 1929: la cubierta plana se puede adecuar a climas extremos y evita las penurias de mantenimiento de los faldones inclinados.
Sigfried Giedion, pages from the book *Befreites Wohnen,* 1929: the flat roof can be adapted to extreme climates and avoids the difficult routine maintenance of sloping roofs.

traciones de la nieve (y también el agua de lluvia) hacia desagües verticales que perforan el edificio en su interior; una solución sin duda atrevida, pero no tan innovadora como cabría esperar, pues parecen existir pruebas evidentes de una tradición radicada sólo en Davos, de rematar las construcciones agrícolas con un simple plano.

Es precisamente uno de estos desconcertantes cobertizos el que aparece retratado, sin fecha, en una doble página de *Befreites Wohnen*, donde Sigfried Giedion demuestra con imágenes las teorías que acababa de elaborar Le Corbusier. Aunque la intención de Giedion está lejos de querer resolver los enigmas planteados por la construcción rural —¿sobre qué base estructural se asienta la cubierta? ¿Hacia dónde desagua la nieve?—, sus imágenes son un perfecto complemento a los croquis esbozados en la "Teoría de la cubierta-jardín": canalones reventados por el hielo, enormes témpanos colgando de la cornisa y haciendo peligrar a quien camina bajo ellos, penosas y rutinarias labores de retirada de la nieve para una necesaria conservación de los faldones... En fin, toda una serie de problemas inherentes a la "peligrosa" combinación de la cubierta inclinada y la nieve.

En la página opuesta, también bajo un manto blanco pero en el clima más suave de los lagos del Ticino, se muestra la solución definitiva al problema: "la cubierta con función habitable" de una villa de veraneo en Ascona, Suiza; las dos cubiertas planas cumplen los requisitos de desagüe marcados por la "Teoría de la cubierta-jardín". En un texto suyo anterior, Giedion quiso justificar la generalización de la cubierta plana en la ciudad a través de su uso, y de una asociación ligeramente dudosa entre la cubierta inclinada y la falta de higiene, al afirmar: "Las amplias superficies en el nivel más alto de las grandes ciudades se utilizarán para deporte, jardinería y, eventualmente, como campo de aterri-

that perforate the building inside. An undoubtedly daring solution, yet not as innovatory as you might expect, since evidence seems to exist of a tradition having taken root in Davos of roofing farm buildings with a simple plane.

It is precisely one of these disconcerting outhouses which appears portrayed without a date in a double-page spread of *Befreites Wohnen*, in which Sigfried Giedion demonstrates with images the theories Le Corbusier ended up elaborating. Although Giedion's intention is far from seeking to resolve the enigmas created by rural construction methods—on what structural base does the roof sit? Where does the snow drain off to?—his images are a perfect complement to the rough sketches in the "Theory of the Roof Garden": gutters split by the ice; enormous sheets of ice hanging from the cornice and causing danger to whoever walks beneath them; the arduous, routine task of removing the snow in order to preserve the sides of the roof. In short, a whole series of problems inherent in the "dangerous" combination of sloping roof and snow.

Shown on the opposite page, also under a white blanket but in the gentler climate of the lakes of the Ticino, is the definitive answer to the problem: "the roof with an inhabitable function" of a summer villa in Ascona, Switzerland; the two flat roofs fulfil the drainage needs indicated in the "Theory of the Roof Garden." In an earlier text of his, Giedion sought to justify the generalisation of the flat roof in the city on account of its use, and of a slightly dubious association between sloping roof and lack of hygiene, when stating: "The ample surfaces on the highest level of the big cities will be used for sport, gardening and, eventually, as a landing field for airships. If only for hygienic reasons, sloping roofs will soon be forbidden in big cities. Flat roofs will be at the service of recreation and will be a place of visual relaxation for an eye

zaje de aeronaves. Aunque sólo sea por razones higiénicas, las cubiertas inclinadas estarán pronto prohibidas en las grandes ciudades. Las cubiertas planas estarán al servicio del esparcimiento y serán un lugar de descanso visual para un ojo demasiado acostumbrado al desorden que hoy impera".[29]

Sigfried Giedion y Le Corbusier se embarcaron de este modo en el primer asalto que la modernidad emprendió contra la cubierta inclinada, tanto en el campo como en la ciudad, en un combate que K.-D. Weiss denominó, con acierto, la "guerra de las cubiertas".[30] Pero, paralelo al debate geométrico, subyace otra discusión crucial: ¿la nueva geometría plana de la cubierta es consecuencia de la ancestral voluntad de habitarla?, o al contrario, ¿la cubierta sólo se habita cuando las soluciones constructivas permiten una geometría que por fin lo posibilita? La respuesta no es ni mucho menos inmediata. El remolino conceptual "uso-solución constructiva-geometría" es considerable, y ninguno de nuestros arquitectos será capaz de darle una solución transparente.

Paradójicamente, parece como si el comienzo del razonamiento de Le Corbusier por la voluntad de habitar —llámese *calefactar*— el viejo bajocubierta, uno de nuestros primigenios espacios intersticiales, desencadenase toda la argumentación constructiva que desemboca en la necesaria adopción de la cubierta plana. Cuando se consigue la geometría óptima, se descubre que es un perfecto lugar para su utilización, en un curioso pensamiento circular en que la causa acaba coincidiendo con la consecuencia. El razonamiento constructivo de Le Corbusier es válido a grandes rasgos, y su propia obra es buena prueba de ello; también lo son el excelente estado de conservación del sanatorio Schatzalp, reconvertido hoy en hotel, o el citado viejo cobertizo de Davos. En cambio, la expresión contundente de su enunciado pone en entredicho que la situación extrema pueda confirmar la regla, como se ha

over-accustomed to the disorder which reigns today."[29]

Sigfried Giedion and Le Corbusier embarked in this way on the first assault Modernism undertook against the sloping roof, in the countryside as well as in the city, in a combat K.-D. Weiss rightly called the "war of the roofs."[30] Running parallel to the geometrical debate, however, is another crucial discussion: is the new flat geometry of the roof a consequence of the primordial wish to inhabit it? Or, on the contrary, is the roof only inhabited when constructional innovations facilitate a geometry that at last renders it possible? The reply is by no means immediate. The use/constructional solution/geometry conceptual whirlwind is considerable, and none of our architects will be capable of providing a clear answer to it.

Paradoxically, it seems as if the beginning of Le Corbusier's reasoning about the will to inhabit—"to heat," say—the old attic, one of our primal interstitial spaces, may trigger the entire constructional argumentation that ends in the necessary adoption of the flat roof. When the optimal geometry is arrived at, he discovers that it is a perfect spot for its utilisation, in a curious circular reasoning in which the cause ends up coinciding with the consequence. Le Corbusier's constructional reasoning is broadly speaking valid, and his own oeuvre is good proof of it; as are the excellent state of preservation of the Schatzalp Sanatorium, converted today into a hotel, or the old Davos outbuilding cited above. On the other hand, numerous examples shown in these pages (according to which the most diverse morphologies are valid for a wide range of climatic situations) make us doubt this statement: despite his forceful expression, maybe this extreme case is not able to confirm a general rule on its own.

Most of these examples are vernacular contributions. Le Corbusier, who never hid the sources

---

[29] GIEDION, SIGFRIED, *Bauen in Frankreich, Bauen in Eisen, Bauen in Eisenbeton, op. cit.*, pág. 204.
[30] WEISS, K.-D., "Krieg der Dächer", en *Werk, Bauen + Wohnen*, 4, 1990, págs. 22-27.

[29] GIEDION, SIGFRIED, *Building in France, Building in Iron, Building in Ferroconcrete, op. cit.*
[30] WEISS, K.-D., "Krieg der Dächer", *Werk, Bauen + Wohnen*, 4, 1990, pp. 22-27.

Le Corbusier, croquis de la visita al valle del M'Zab, Argelia (de *Cahiers*, 1931).
Le Corbusier, sketch made during a visit to the M'Zab Valley, Algeria (from *Cahiers*, 1931).

matizado en los numerosos ejemplos mostrados en estas páginas, según los cuales las más diversas morfologías son válidas para un amplio abanico de situaciones climáticas.

De entre estos ejemplos, la mayoría son aportaciones vernáculas. Le Corbusier, que nunca ocultó las fuentes de su inspiración plástica ni metodológica —más bien al contrario, se encargó de darlas a conocer con la difusión de sus notas y cuadernos de viaje—, confesó en numerosas ocasiones su fascinación por la arquitectura popular, especialmente la mediterránea. A ella se había entregado primero en el iniciático viaje a Oriente, pero sobre todo con ocasión del que emprendió por el archipiélago de las Cícladas a raíz de la celebración del CIAM de Atenas. En las islas del Egeo descubrió la magia de la pureza formal de los pueblos blancos, muy parecida a ese "primer cubismo con sus prismas y todos los secretos del color",[31] que reconoció cuando recorrió años atrás la costa mediterránea española. Su larga vinculación profesional con Argelia le llevó más tarde a visitar, retratar y dibujar la fascinante medina de su capital y los legendarios poblados del valle del M'Zab. Allí supo reconocer astutamente que sobre la parca geometría de adobe del desierto y tras los óculos y los pretiles de la terraza, latía todo el misterio, el ir y venir, de lo que se adivinaba como una intensa vida doméstica.

of his visual or methodological inspirations—on the contrary, he took it upon himself to publicise them with the diffusion of his notes and travel notebooks—confessed to his fascination for popular architecture, especially the Mediterranean kind, on numerous occasions. He'd first succumbed to it on the initiatory trip to the East, but above all on the occasion of the journey he made through the archipelago of the Cyclades immediately after the CIAM in Athens. In the islands of the Aegean he discovered the magic of the formal purity of their white villages, very similar to that "early Cubism with its prisms and all the secrets of colour,"[31] which he'd identified when he'd toured the Mediterranean coast of Spain years before. His long professional link with Algeria caused him later on to visit, paint and draw the fascinating medina of its capital and the legendary villages of the M'Zab Valley. There he astutely managed to recognise that above the spare geometry of adobe in the desert and behind the oculi and parapets of the terrace roof there pulsates all the mystery, the coming and going, of what you intuited to be an intense domestic life.

31 LE CORBUSIER, *Carnets 1* (carnet B7), Electa/Fondation Le Corbusier, París, 1981-1982, págs. 428-429.

31 LE CORBUSIER, *Carnets 1* (carnet B7), Electa/Fondation Le Corbusier, Paris, 1981-1982, pp. 428-429.

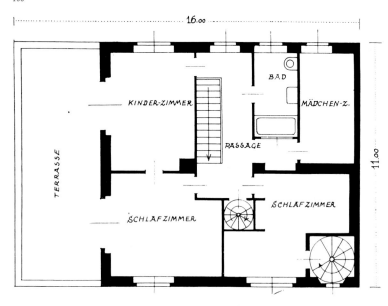

Adolf Loos, villa Scheu, Viena, Austria, 1912: "La cubierta plana es la mejor manera de saber si se está tratando con un arquitecto o con un decorador teatral".
Adolf Loos, Villa Scheu, Vienna, Austria, 1912: "The flat roof is the best way of knowing if one is dealing with an architect or a theatre designer."

LA LEY GENERADORA DEL *RAUMPLAN*

Por su parte, Adolf Loos, muy dado también a justificar por escrito sus decisiones de proyecto, defendió la cubierta plana practicable con motivo de la construcción, entre 1912 y 1913, de la villa Scheu en Viena. Lo hizo con las siguientes palabras: "Hace diez años construí la villa del Dr. Gustav Scheu en Hientzig, Viena. Provocó desaprobación general. Se decía que una construcción de este tipo seguramente sería apropiada para Argel, pero no para Viena. Sin embargo, durante el proyecto de esta casa, no había pensado ni de lejos en Oriente. Tan sólo creía que estaría muy bien poder tener acceso desde los dormitorios, que se encontraban en el primer piso, a una terraza comunitaria. Y eso en todas partes, tanto en Argel como en Viena. Pues bien, esa terraza, que se repetía otra vez en el segundo piso [...] era lo insólito, lo extraordinario. Un miembro del consejo municipal solicitó que la oficina técnica municipal de urbanismo prohibiese construcciones de este tipo. Hay que preguntarse por qué las

THE GENERATING LAW OF THE *RAUMPLAN*

For his part, Adolf Loos, also very given to justifying in writing his design decisions, defended the usable flat roof in connection, in 1912 and 1913, with the Villa Scheu in Vienna. And he did so in the following words: "Ten years ago I built the villa of Dr. Gustav Scheu in Hientzig, Vienna. It was met with widespread disapproval. It was said that a building of this type would surely be right for Algeria, but not for Vienna. Nevertheless, during the designing of this house I'd not thought once about the East. I just thought that it would be a very good thing to have access from the bedrooms, which were on the first floor, to a communal terrace. And this everywhere, in Algeria as well as Vienna. Fine, that terrace, which was repeated again on the second floor [...], represented the unusual, the extraordinary. A member of the city council requested the municipal technical bureau of city planning to prohibit buildings of this type. We have to ask ourselves why terraces have

terrazas se utilizan en Oriente desde hace milenios, y por qué no se han empleado en nuestra zona climática. La respuesta es sencilla: las técnicas de construcción conocidas hasta ahora sólo permitían la aplicación de la cubierta plana y la terraza en regiones libres de heladas [...]. Desde el descubrimiento de la cubierta de cemento-madera (recubierta con capa de grava o gravilla), y desde el empleo del asfalto, ya es posible la construcción de la cubierta plana, y, por tanto, también de la terraza. Hace cuatro siglos que la cubierta plana es el sueño de los arquitectos. Y ese sueño tuvo su cumplimiento a mediados del siglo XIX. Pero la mayoría de los arquitectos no sabían qué hacer con la cubierta plana. Hoy puede decirse: la cubierta plana es el criterio para saber si se está tratando con un arquitecto o un decorador teatral, ya que es la mejor cubierta, la más barata y duradera".[32]

La postura de Loos no podía resultar más divergente de la de Le Corbusier, aunque no lo sea, en cambio, el resultado. En primer lugar, porque para Loos parecen primar las necesidades funcionales de la villa, para cuyas habitaciones desea encontrar una prolongación natural en el exterior y, en segundo lugar, porque no necesita armarse de una teoría constructiva *ex-novo* para justificar el plano, sino que se limita a recoger el camino inconcluso de los pioneros del siglo XIX, aquellos que inventaron la cubierta de cartón impermeabilizante o *cemento-madera*, primero, y la base de hormigón, después. En este sentido, la villa Scheu supuso el primer y más claro ejemplo de una colonización intencionada de la cubierta de hormigón armado frente a los ensayos balbuceantes de sus predecesores. Finalmente, Loos aclara insistentemente que no ha habido ninguna influencia "oriental" o vernácula, sino que la opción responde a cuestiones de orden cultural inherentes a occidente. Tampoco Loos parece ayudarnos ahora a deshacer el ovillo del enigma planteado al comienzo

been used in the East for thousands of years, and why they haven't been employed in our climatic area. The answer is simple: the building techniques known hitherto only allowed for the use of the flat roof and the terrace in ice-free regions [...]. Since the discovery of the cement-wood roof (covered with a layer of gravel or riprap), and since the use of asphalt, the construction is possible of the flat roof and, therefore, also of the terrace roof. Four centuries ago the flat roof was the architects' dream. And that dream was fulfilled in the middle of the 19th century. But most architects don't know what to do with the flat roof. Today it may be said: the flat roof is the criterion for knowing if one is dealing with an architect or a theatre designer, since it is the best roof, the cheapest and most hard-wearing."[32]

Loos's posture couldn't be more different to Le Corbusier's, although the outcome of it isn't so. In the first instance, because for Loos pride of place seems to go to the functional needs of the villa, for whose bedrooms he wishes to find a natural prolongation outwards and, in the second, because he doesn't need to arm himself with an *ex-novo* constructional theory in order to justify the plan, but restricts himself instead to resuming the inconclusive path of the 19th-century pioneers, the ones who invented the roof of waterproofing board or *cement-wood*, firstly, and the base of concrete, next. In that sense the Villa Scheu is the first and clearest example of a deliberate colonisation of the reinforced-concrete roof in contrast to the faltering experiments of its predecessors. Finally, Loos insistently explains that there hasn't been any "Eastern" or vernacular influence, but rather that the option accords with questions of a cultural sort inherent to the West. Neither does Loos appear to help us to now unravel the enigma put forward at the beginning of this chapter: use, the flat

---

32 LOOS, ADOLF, "Das Grand-Hotel Babylon", en *Die neue Wirtschaft*, 20 de diciembre de 1923; (versión castellana: "El 'Grand-Hotel Babylon", en *Adolf Loos. Escritos II. 1910/1932*, El croquis Editorial, Madrid, 1993, pág. 192).

32 LOOS, ADOLF, "Das Grand-Hotel Babylon", *Die neue Wirtschaft*, 20 December 1923; (English version: "The Grand-Hotel Babylon", in OPEL, ADOLF (ed.), *Adolf Loos. Ornament and Crime: Selected Essays*, Ariadne Press, Riverside [Ca.], 1998).

de este capítulo: el uso, la forma plana y la solución constructiva siguen siendo tres factores interdependientes y no consecutivos.

Con su perfil escalonado y sus terrazas aprovechables, la villa Scheu supone un ejemplo magnífico de depuración formal y de encaje funcional. A pesar de todo, la villa Scheu parece estar más próxima a un fugaz y aislado experimento que a las normas compositivas que articularon el lenguaje de Loos. No en vano, todas las villas posteriores se organizaron siguiendo el *Raumplan*, regla mediante la cual la sección de la casa y la altura de los forjados dependía de la proporción de las habitaciones y de su articulación espacial. Curiosamente, en todas estas villas, Loos pierde por completo el interés por el uso de la cubierta, excepción hecha del aprovechamiento propiciado por la topografía de algunos de sus cuerpos bajos, y, sobre todo, del proyecto para 20 villas en la Riviera francesa (1923).

form and the constructional solution go on being three interdependent and not consecutive factors.

With its stepped outline and its usable terraces, the Villa Scheu is a magnificent example of formal purification and of functional aptness. Be that as it may, the Villa Scheu seems to be closer to a fleeting and isolated experiment than to the compositional norms that articulated Loos's language. Not for nothing are all the later villas organised according to the *Raumplan*, a rule by which the section of the house and the height of the floor systems depended on the proportion of the rooms and their spatial articulation. Oddly enough, in all these villas Loos loses all interest in using the roof, the exception being the exploitation favoured by the topography of some of his low bodies, and, above all, the project for twenty villas on the French Riviera (1923).

Adolf Loos, Veinte Villas en la Riviera francesa, 1923: orientación hacia las vistas y ocupación de la azotea inferior gracias al *Raumplan*.
Adolf Loos, Twenty Villas on the French Riviera, 1923: orientation towards the views and occupation of the lower flat roof thanks to the *Raumplan*.

Adolf Loos, Veinte Villas en la Riviera francesa, 1923: sección.
Adolf Loos, Twenty Villas on the French Riviera, 1923: section.

En las Veinte Villas se retoman algunos de los principios que se establecieron en la villa Scheu y, en particular, el escalonamiento sucesivo de las terrazas para organizar un conjunto de viviendas en forma de tridente y orientado hacia el mar. Es precisamente esta orientación lo que las hace del todo singulares; sus terrazas ya no sólo persiguen el sol y el aire libre, sino que además proporcionan a las viviendas vistas y apertura hacia el horizonte, un concepto novedoso para la época que inauguró una manera de construir en la costa. Pero dichos condicionantes externos no son lo único que explica la forma del conjunto residencial, sino que, al contrario, las Veinte Villas se generan fundamentalmente desde su interior mediante su sección, lugar donde el *Raumplan* establece la alternancia en altura de los pisos, la manera en que las viviendas se engarzan unas con otras, y proporciona los resquicios de iluminación a las estancias más oscuras. El *Raumplan* no sólo afecta a cómo se prolonga la habitación hacia el exterior —ya no

In the Twenty Villas some of the principles established in the Villa Scheu are taken up again, in particular the successive stepping of the terraces in order to organise a group of dwellings in the form of a trident oriented towards the sea. It is this orientation, indeed, which makes them wholly unusual; no longer do their terraces just seek after sun and fresh air, they also provide the houses with views and an openness towards the horizon, a novel idea for the period and one which launched a certain way of building on the coast. But these external strictures are not the only thing which explains the form of the residential complex—on the contrary, the Twenty Villas are basically generated from their interior by means of their section: it is in the section where the *Raumplan* establishes the alternating height of the floors and the way in which the dwellings are set one with the other, being able to provide natural light to the darker dwellings. The *Raumplan* not only affects the way the bedroom is prolonged outwards—it's no longer hori-

es horizontal, sino que existe un desnivel—, sino también a cómo las terrazas se comunican entre sí, ya que se crea una semblanza de topografía descendiente hacia el cuerpo más bajo.

SUBLIMAR EL PLANO

Frank Lloyd Wright, en cambio, no pareció tener ninguna necesidad de explicar cómo remataba sus edificios. De hecho, y sin preocuparse por connotaciones academicistas de ningún tipo, legó un amplio repertorio de soluciones de cubierta inclinada de sus Casas de la pradera, con faldones de todas las pendientes y aleros de grandes dimensiones. Paralelo a este trabajo, probablemente influenciado por la limpieza de líneas de su admirada arquitectura japonesa y por la imparable tendencia al remate horizontal de la Escuela de Chicago en la que se había formado, Wright proyectó grandes superficies planas de cubrición, muchas de ellas practicables. Lo hizo en el proyecto de los apartamentos Lexington Terrace, dos enormes manzanas donde las viviendas se volcaban a dos niveles diferentes sobre el patio interior y sobre sus propias terrazas. Más tarde lo convirtió en norma para sus casas unifamiliares, sobre todo en las usonianas, y en la paradigmática Casa de la Cascada (Bear Run, Pensilvania, EE UU, 1935), donde la terraza no sólo pasa a formar parte consustancial de la vida doméstica, sino que también se esgrime como principal herramienta de un acentuado expresionismo formal. Pero si en su obra hay una cubierta que se pueda calificar como habitable por derecho propio, ésta es, sin duda, la de los Midway Gardens de Chicago. A caballo entre casino y restaurante, este edificio se convirtió en refugio de buena parte del hampa de los años dorados de Chicago, y como tal, no sobrevivió a la piqueta tras la promulgación de la ley seca. Con un lenguaje muy propio del autor en las décadas de 1910 y posteriores, se levanta el

zontal, there's a change of level—but also how the terraces intercommunicate, given that a semblance of topography is created descending towards the lowest body.

SUBLIMATING THE PLANE

Frank Lloyd Wright, on the other hand, didn't seem to have any need of explaining how he roofed his buildings. In fact, and without worrying about academic connotations of any kind, he handed down a wide repertoire of solutions for a sloping roof in his prairie houses, with sides of every pitch and eaves of enormous size. Running parallel to this work, probably influenced by the clean lines of his much-admired Japanese architecture and by the unstoppable tendency towards the horizontal crown of the Chicago School in which he'd been formed, Wright designed extensive flat roof surfaces, many of them usable. He did this in the design of the Lexington Terrace Apartments, two enormous city blocks in which the dwellings stick out on two different levels over the interior courtyard and over their own terraces. Later, he turned this into a norm for his detached houses, above all in the Usonians and in the paradigmatic Fallingwater (Bear Run, Pennsylvania, USA, 1935), in which the terrace roof not only plays an important part in domestic life, but is also brandished as the principal implement of an accentuated formal expressionism. But if in his work there is a roof that may be deemed inhabitable in its own right, this is, without a doubt, the roof of Chicago's Midway Gardens. Part casino, part restaurant, this building became a hangout for much of the underworld of the golden years of Chicago, and as such didn't survive the pickaxe after the promulgation of the dry law. With a language very typical of the author in the 1910s and later decades, there is a main body that houses the lobby and the cov-

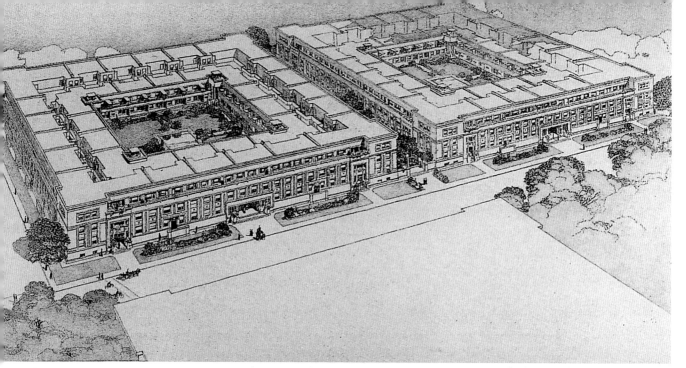

Frank Lloyd Wright, viviendas Lexington Terrace, Chicago (Illinois), EE UU, 1909.
Frank Lloyd Wright, Lexington Terrace Apartments, Chicago (Illinois), USA, 1909.

Frank Lloyd Wright, Casa de la Cascada, Bear Run (Pensilvania), EE UU, 1936.
Frank Lloyd Wright, Fallingwater, Bear Run (Pennsylvania), USA, 1936.

Frank Lloyd Wright, Midway Gardens, Chicago (Illinois), EE UU, 1929.
Frank Lloyd Wright, Midway Gardens, Chicago (Illinois), USA, 1929.

cuerpo principal que acoge el vestíbulo y el restaurante cubierto; desde este cuerpo parten dos brazos paralelos, que, a modo de peristilos, abrazan la gran superficie del jardín de verano; un lugar que, sobre una generosa azotea, acogía todas las actividades al aire libre, entre música, diversión y mucha bebida.

Las vanguardias europeas que fraguaban el movimiento moderno estuvieron muy atentas a la obra de Wright, especialmente los miembros del grupo holandés De Stijl, con los experimentos abstractos sobre el plano de sus pintores, primero, y más tarde con la traslación tridimensional a la arquitectura por parte de Theo van Doesburg y Gerrit T. Rietveld. Mies van der Rohe recogió la enseñanza de los holandeses y las aportaciones del maestro norteamericano en la planta del Pabellón de Alemania en la Exposición Internacional de Barcelona (1929). Allí, y según Fernando Ramos, Mies llevó a cabo "una singularización de los elementos estructurales con respecto al cerramiento y una descomposición elemental de las formas, [junto a] la búsqueda formal de gran calado histórico que supuso el plantear la expresión individualizada de los elementos planos que configuraban la geometría básica del edificio".[33]

La cubierta del pabellón de Barcelona aparece como un elemento geométricamente singularizado que, en la lógica plana del edificio, lo cierra en horizontal. No es extraño entonces que, en la búsqueda de una extrema transparencia, Mies optara por una solución constructiva para su cubierta que obviara todas las leyes de recogida de aguas, que le habían servido a Le Corbusier para argumentar su "Teoría de la cubierta-jardín", pues las aguas no tenían canalones de recogida y vertían directamente hacia fuera.

Tras la toma de posición de los maestros, la mayoría de los arquitectos del movimiento moderno se enzarzaron durante al menos una década en la batalla final de la "guerra de las cubiertas".

ered restaurant; from this body two parallel arms stretch forth, arms which, like peristyles, embrace the great surface area of the summer garden; a spot which, on a generous flat roof, accommodated all the open-air activities, music, having a good time and a lot of drink among them.

The European avant-gardes hatched with the Modern Movement were very mindful of the work of Wright, especially members of the Dutch group De Stijl, with the abstract planar experiments of its painters, first, and later with the three-dimensional shift to architecture of Theo van Doesburg and Gerrit T. Rietveld. Mies van der Rohe brought together the teaching of the Dutch and the contributions of the North-American master in the ground plan of the German Pavilion in the International Exhibition in Barcelona (1929). There, and according to Fernando Ramos, Mies carried out "a differentiation of the structural elements vis-à-vis the walling and an elemental decomposition of the forms, [along with] the formal search of great historical depth involved in planning the individualised expression of the flat elements which configured the basic geometry of the building."[33]

The roof of the Barcelona Pavilion appears as a geometrically differentiated element that, in the planar logic of the building, closes it off horizontally. It isn't strange, then, that in the search of an extreme transparency Mies might opt for a constructional solution for its roof which would forego all the laws of water collection that had served Le Corbusier when proposing his "Theory of the Roof-Garden," since there is no guttering for the rainwater and it runs straight off.

After the *prise de position* of the masters, most of the architects of the Modern Movement got caught up for at least a decade in the final battle in the "war of the roofs." The sloping roof

---

[33] RAMOS, FERNANDO, "Pequeña historia de urgencia de la cubierta plana", en *Tectónica*, 6, septiembre-diciembre de 1997, pág. 7.

[33] RAMOS, FERNANDO, "Pequeña historia de urgencia de la cubierta plana", *Tectónica*, 6, September-December 1997, p. 7

LA INTERPRETACIÓN EUROPEA THE EUROPEAN INTERPRETATION

Theo van Doesburg, *Contraconstrucción (Construction de l'espace-temps II)*, 1924.
Theo van Doesburg, *Counter-construction (Construction de l'Espace-Temps II)*, 1924.

Mies van der Rohe, Pabellón de Alemania, Exposición Internacional de Barcelona, España, 1929: planos horizontales de cubierta sin sistema de desagüe.
Mies van der Rohe, German Pavilion, International Exhibition, Barcelona, Spain, 1929: horizontal roof planes without a drainage system.

Mart Stam, viviendas en la Weissenhofsiedlung, Stuttgart, Alemania, 1927: el óbito final de la cubierta inclinada.
Mart Stam, apartments on the Weissenhofsiedlung, Stuttgart, Germany, 1927: the final demise of the sloping roof.

La cubierta inclinada habría de morir, finalmente y de manos de la modernidad, con el consenso alcanzado en la Weissenhofsiedlung de Stuttgart (1927), donde quien no construyera horizontal ni prismático parecía estar estigmatizado como no moderno. En Stuttgart se llegó a reconocer que la opción de la cubierta plana no era constructiva, ni necesariamente llevaba asociado el uso de la terraza, sino que atendía exclusivamente a razones estéticas.

Lo unánime y contundente del posicionamiento siembra de objeciones la solución dada a una problemática llena de sutilezas, una sombra que incluso oscureció el encomiable esfuerzo didáctico que realizaron Adolf Loos y Le Corbusier. Vinculados ambos a la Weissenhofsiedlung —el primero como clara influencia metodológica y estilística, y el segundo como uno de sus principales impulsores y autor de dos de los edificios—, nos cabe la duda de que tras sus intenciones no se escondiera también algún que otro prejuicio puramente visual —las sospechosas "razones de orden sentimental"—, como el pánico a ser considerado un mero "decorador" de Loos o el incontenible influjo vernáculo en Le Corbusier.

Lo que en la primera de las hipótesis sobre la forma quedó como una advertencia, y en la segunda como un descubrimiento, no puede ahora en su enunciado final rebasar el límite de la denuncia; de hecho, es impropio tacharla de "final", pues no se puede con ella cerrar hoy el debate. Sólo se debe denunciar la persistencia, desde entonces y durante más de 70 años, de un pensamiento simplificador, esteticista y homogeneizante en dosis iguales, según el cual parece válida la idea de que, sólo cuando es plana, la cubierta se puede habitar.

would die, finally and at the hands of Modernism, with the consensus arrived at in the Stuttgart Weissenhofsiedlung (1927), in which anyone who didn't build horizontally and prismatically appeared to be stigmatised as unmodern. In Stuttgart it was eventually recognised that the option of the flat roof was not constructional, nor was it necessarily linked to the use of the terrace—instead it was concerned exclusively with aesthetic factors.

The unanimous, resounding nature of the positioning spreads objections to the solution given to a set of problems full of subtleties, a shadow which even darkened the laudable didactic effort realised by Adolf Loos and Le Corbusier. Linked, both of them, to the Weissenhofsiedlung—the first as a clear methodological and stylistic influence, and the second as one of its main instigators and author of two of the buildings—for us the doubt remains that behind their intentions there might also lie the odd purely visual bias—the suspect "reasons of a sentimental order"—such as Loos's fear of being thought a mere "decorator" or Le Corbusier's uncontrollable vernacular influence.

What in the first of the hypotheses on form remained a piece of advice, and in the second a discovery, cannot in its final expression here go beyond the limit of accusation; in fact it is improper to accuse it of being "final," since the debate cannot be closed with it today. The one thing that must be denounced is the persistence, for more than seventy years since that time, of a thought that is simplificatory, aestheticist and homogenising in equal measure, and according to which the idea seems valid that only when it is flat can the roof be inhabited.

LA CRUZADA DE LA CUBIERTA-TERRAZA

THE ROOF-TERRACE CRUSADE

LA AMBIGÜEDAD A PESAR DE TODO

Además de que toda refutación no sólo debe contrastarse (ya lo ha sido, y contra Adolf Loos), sino que merece ser seguida de un elogio, hay que reconocer que, en este largo recorrido, ningún personaje se alzó defensor a ultranza del uso de la cubierta plana como lo hizo, ya desde muy temprano y hasta el final de su vida, Le Corbusier. El carácter integrador de su pensamiento —en el que al razonamiento constructivo recién analizado se añadieron los más diversos parámetros desde el interior y el exterior de la disciplina arquitectónica—, la transparencia y claridad de su discurso y la constancia de su esfuerzo didáctico son razones que permiten hablar de una verdadera cruzada en defensa de la cubierta habitada, la llamada cruzada de la cubierta-terraza. Dado el enorme volumen de las obras de Le Corbusier con esta tan personal preocupación, hemos seleccionado cuatro: una primera donde el argumento aparece incipiente; una segunda que, con sus malabarismos, hace peligrar la integridad del discurso; la breve mención, también, a la más conocida de sus villas, y finalmente, aquel lugar, aquel momento, aquel edificio donde parecen converger todos los caminos. No sabemos qué habría sido de la difusión de todas ellas de no contar con el voluminoso aparato teórico-demostrativo de Le Corbusier, y por ello comenzaremos el recorrido con un rápido vistazo a un croquis y una fotografía bien representativos.

AMBIGUITY, DESPITE ALL

Just as all refutation must not only be resisted (it already has been, and contra Adolf Loos) but deserves to be followed by a eulogy, it has to be recognised that in this long survey no individual came forward as an out-and-out defender of using the flat roof as did, very early on and until the end of his life, Le Corbusier. The integrating nature of his thought—in which the most diverse parameters from within and without the architectural discipline were added to the constructional reasoning analysed above—the transparency and clarity of his discourse and the constancy of his didactic efforts are reasons that enable one to speak of a genuine crusade in defence of the inhabited roof, the so-called roof-terrace crusade. Given the huge number of Le Corbusier's works with this highly personal preoccupation, we have chosen four: a first one in which the argument seems implicit; a second that, with its balancing act, puts the integrity of the discourse in danger; a brief reference, also, to the best known of his villas; and finally that place, that moment, that building where all paths seem to converge. We don't know what the exposure of all these would have been without having Le Corbusier's voluminous theoretico-demonstrative apparatus to hand, and for that reason we will begin the tour with a quick look at a sketch and a photograph, both of which are highly typical.

Le Corbusier (1930):
se "reconquista" el suelo,
se "gana" el espacio
de la terraza.
Le Corbusier (1930): the
ground is "won back,"
the terrace space "gained."

En el croquis *Reconquis-gagné*, Le Corbusier logra sintetizar en cuatro trazos de lápiz las indudables ventajas de la nueva conquista del uso de la cubierta del edificio de hormigón armado. Frente al volumen de las zapatas de fábrica, al grosor de los muros de carga de piedra o ladrillo y al complicado conjunto geométrico del tejado de cuchillos de madera y faldones inclinados, se alza con sutileza la estructura liviana de hormigón, con sus *pilotis*, sus delgados forjados, sus cerramientos permeables, su cubierta plana. Se "reconquista" el nivel del suelo —para el nuevo tráfico, el estacionamiento o la continuidad del verde urbano—, al tiempo que se "gana" un nuevo espacio en la coronación del edificio, un lugar también verde, de esparcimiento y de contacto con la naturaleza.

Esta conquista del plano de la cubierta no se limitó al campo de la vivienda ni del edificio, sino que alcanzó la escala urbana. Así lo sintió Le Corbusier cuando, tras una de sus dos visitas a la fábrica Lingotto —sobre la que aparece de pie y

In the sketch *Reconquis-gagné* Le Corbusier manages to synthesise in four pencil strokes the indubitable advantages of the new conquest of the use of the roof of the reinforced-concrete building. In contrast to the volume of masonry footings, to the thickness of stone or brick load-bearing walls, and to the complicated geometric totality of the roof of wooden trusses and sloping sides, he subtly raises the lightweight concrete structure with its *pilotis*, its slender decks, its permeable outer walls, its flat roof. One "reconquers" the ground level—for the new traffic, parking or the continuity of urban greenery—at the same time as one "gains" a new space on the crown of the building, a spot that's also green, for relaxation and for contact with nature.

This conquest of the roof plane wasn't restricted to the realm of the dwelling or of the building, but embraced the urban scale. This was how Le Corbusier perceived it when, after one of his two visits to the Lingotto factory—on top of

Le Corbusier sobre la cubierta de la fábrica Lingotto en 1934.
Le Corbusier on the roof of the Lingotto factory in 1934.

al volante de un automóvil en unas fotografías—, dejó escrito: "La fábrica Fiat ha tomado el avance de nuestra época maquinista [...]. Ya no es un sueño, la autopista de la cubierta nos demuestra que algunas ciudades como Génova, Río de Janeiro o Argel pueden salvarse del desastre si se construyen autopistas en las cotas elevadas con población entre medias".[34]

Todas las cubiertas, a todas las escalas, merecían entonces una consideración: los experimentos se multiplicaron desde el bloque de viviendas al ático o a la villa. En el edificio Clarté (Ginebra, 1930) lo que podía haber sido un espacio residual se descubre como un lugar privilegiado, abierto al aire, al sol y a las vistas, al grito de "¡La terraza!: la cubierta de los edificios debería constituir el lugar por excelencia para el recreo e higiene de toda casa",[35] abrazando con ello el credo completo que no se habían cansado de difundir los higienistas alemanes. Añade Le Corbusier, a raíz de la publicación del edificio en sus obras completas: "Pero las ordenanzas vigilan: los *gabarits* montan la guardia, impiden tomar iniciativas útiles o conllevan gastos extraordinarios. ¿Cuándo se llegará a poner fin a la normativa de los *gabarits*, que tiene su origen en las estructuras de madera? Es uno de los residuos más grotescos de los antiguos métodos constructivos".[36]

De hecho, el *gabarit*, que Henri Sauvage utilizó como génesis y excusa de sus edificios retran-

which he appears on foot and at the wheel of a car in a few photographs—he wrote: "The Fiat factory has stolen a march on our machinist epoch [...]. No longer is it a dream, the motorway on the roof demonstrates that such cities as Genoa, Rio de Janeiro or Algiers can save themselves from disaster if they construct motorways on the elevated levels with the city in the middle."[34]

All roofs, at any scale, are worthy of consideration, then: the experiments proliferated, from the apartment block to the attic or to the villa. In the Clarté Building (Geneva, 1930), what might have been a residual space is revealed to be a privileged spot, open to the air, the sun and the views, to the cry of "The terrace! The rooftop of buildings should be the place par excellence for the relaxation and hygiene of every house,"[35] embracing along with it the entire credo the German hygienists had never tired of disseminating. Le Corbusier adds, on the occasion of the publication of the building in his complete works: "But the ordinances are vigilant: the *gabarits* mount guard, they prevent the taking of useful initiatives or involve extraordinary costs. When will one manage to put an end to the regulation about *gabarits*, which has its origin in structures of wood? This is one of the most grotesque residues of the old building methods."[36]

In fact the *gabarit*, which Henri Sauvage utilised as both the genesis of and pretext for his

---

34 LE CORBUSIER; JEANNERET, PIERRE, *Œuvre Complète*. 1929-1934 [1964], Les Éditions d'Architecture, Zúrich, 1995, pág. 202.
35 LE CORBUSIER; JEANNERET, PIERRE, *op. cit.*, pág. 67.
36 *Idíb.*

34 LE CORBUSIER; JEANNERET, PIERRE, *Œuvre Complète*. 1929-1934 [1964], Les Éditions d'Architecture, Zurich, 1995, p. 202.
35 LE CORBUSIER; JEANNERET, PIERRE, *ibid.*, p. 67.
36 *Ibid.*

queados, no constituyó para Le Corbusier más que una pesada e incómoda herencia del pasado. Sin embargo, Le Corbusier se equivocaba al pensar que la limitación de gálibo tenía su origen en los antiguos métodos constructivos, cuando no pretendía otra cosa que introducir unas mínimas condiciones de higiene, iluminación y ventilación en la calle decimonónica. Sea como fuere, es razonable pensar que el problema del *gabarit* estuvo presente en el origen, el desarrollo y la forma final del ático que Le Corbusier construyó para Charles Beistegui, sobre un edificio antiguo de los Campos Elíseos de París en 1930. Obligado a retranquear sus dos alturas según la alineación de la normativa, Le Corbusier se resistió a dar la tradicional solución de ático y sobreático al apartamento y optó por una inédita vuelta de tuerca volumétrica que, por fin, resolvía tridimensionalmente un problema que Sauvage sólo había abordado desde las dos dimensiones de la sección. Por

stepped buildings, constituted no more than a tedious and inconvenient inheritance of the past for Le Corbusier. Nevertheless, Le Corbusier was wrong in thinking that the limitation of a building's outline had its origin in old building techniques, when it aimed at nothing other than introducing minimum conditions of hygiene, illumination and ventilation into the 19th-century street. Be that as it may, it is reasonable to imagine that the problem of the *gabarit* was present at the origin, evolution and final form of the penthouse Le Corbusier constructed for Charles Beistegui on top of an old building on the Champs Élysées in Paris in 1930. Obliged to set back its two storeys according to the regulation alignment, Le Corbusier refused to give the traditional solution of attic and penthouse to the apartment and opted for an unprecedented volumetric turn of the screw which, finally, resolved three-dimensionally a problem Sauvage had only

Edificio Clarté, Ginebra, Suiza, 1930: "¡La terraza!: el lugar por excelencia para el recreo y la higiene de toda la casa". Clarté Building, Geneva, Switzerland, 1930: "The rooftop! The place par excellence for the relaxation and hygiene of every house."

su proporción y su situación, las tres terrazas del ático Beistegui no sólo delimitan la volumetría externa de la residencia, en un juego intrincado e irregular de volúmenes, sino que se distinguen como espacios de muy diferentes cualidades: una terraza-balcón baja, estrecha y alargada, prolongación inmediata de las estancias interiores; una azotea intermedia a modo de jardín colgante con su vegetación, sus edículos e, incluso, un carácter topográfico propio, conferido por la existencia de tres desconcertantes escalones intermedios; y un solario en lo más alto con algunos elementos sorprendentes. Sin embargo, la particularidad de estos espacios exteriores radica en que los tres están conectados por dos escaleras —una embutida entre el edificio y la medianera, y otra exenta y escultural— que, en un inesperado giro de inspiración babélica —recordemos la ascensión helicoidal por la cubierta— convierten a las terrazas del ático en conjunto complejo y movido, muy lejos desde luego del plano único y platónico esbozado en el croquis *Reconquis-gagné*.

No será éste el único factor de sorpresa del ático Beistegui, pues merece la pena detenerse en ciertos detalles con que se construyó la habitación a cielo abierto, la más alta de las cubiertas y supuesto solario —supuesto porque el término "solario", que implica recogimiento en la exposición al sol, queda corto para explicar lo que de verdad supone esta estancia—, donde Le Corbusier parece querer dar rienda suelta a ciertas ocultas pasiones. Por un lado, se hace reconocible la procedencia del antepecho blanco de un 1,5 m de altura para ver sin ser visto; por otro, ¿qué significado tienen la moqueta de césped y las sillas en torno a una chimenea Luis XIV horadada en el pretil? Parece claro que en la habitación a cielo abierto, Le Corbusier quiere resarcir aquella frustración que sintió al perder el espacio, recogido y expuesto a la vez, al cubrir las últimas plantas de sus villas de La-Chaux-de-Fonds. Como en el M'Zab, se trata de crear el máximo

tackled from the two dimensions of the section. Given their proportions and their situation, the three terraces of the Beistegui attic not only delimit the external volumetry of the residence in an intricate and irregular play of volumes, they are also distinguished as spaces with very different qualities: a terrace-balcony, long and narrow, an immediate prolongation of the interior living quarters; an intermediary flat roof akin to a hanging garden with its vegetation, its edicules, and even a topographic character of its own conferred by the existence of three disconcerting intermediary steps; and a solarium at the very top with some surprising features. Having said that, the particularity of these exterior spaces resides in the fact that the three are connected by two staircases—one crammed between the building and the party wall, the other free-standing and sculptural—which in an unexpected rotation of Babel-like inspiration—think of the helicoidal ascent via the roof—convert the terraces of the penthouse into a complex, animated group, very far, of course, from the single Platonic plane depicted in the *Reconquis-gagné* sketch.

This won't be the Beistegui penthouse's only surprising feature, since it's worth lingering over certain details with which the open-air room was built, the topmost roof and the purported solarium—"purported," because the word "solarium," which implies the secluded baring of oneself to the sun, is inadequate when it comes to describing what this living area really means—where Le Corbusier seems to want to give free rein to certain hidden passions. On the one hand, the provenance of the white 1.5-metre-high parapet for seeing without being seen is recognisable; on the other, what meaning do the grass carpet and the chairs around a Louis XIV chimney worked into the parapet have? It seems clear that in the open-air room Le Corbusier wishes to compensate for the frustration he felt on losing the space, at once

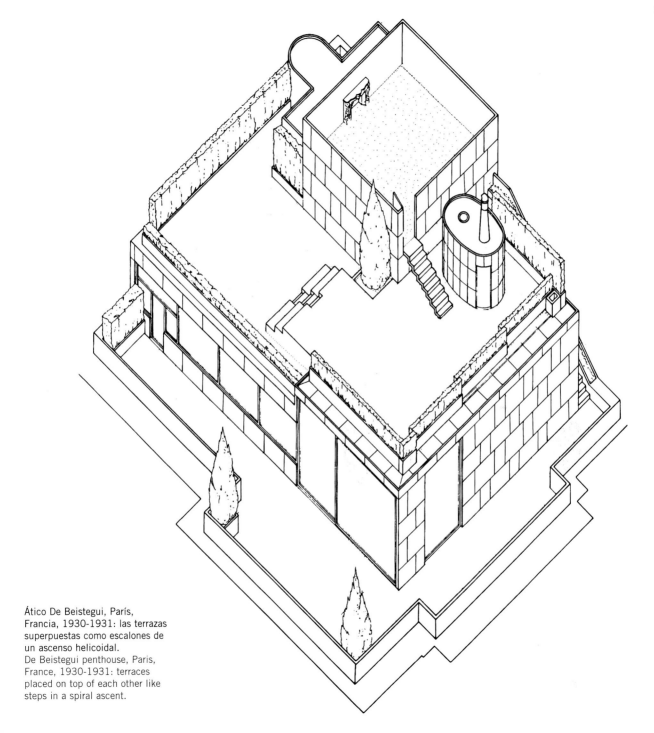

Ático De Beistegui, París, Francia, 1930-1931: las terrazas superpuestas como escalones de un ascenso helicoidal.
De Beistegui penthouse, Paris, France, 1930-1931: terraces placed on top of each other like steps in a spiral ascent.

126 TRADICIÓN, MODERNIDAD Y SURREALISMO EN EL SOLARIO DEL ÁTICO DE BEISTEGUI — TRADITION, MODERNITY AND SURREALISM IN THE SOLARIUM OF THE DE BEISTEGUI PENTHOUSE

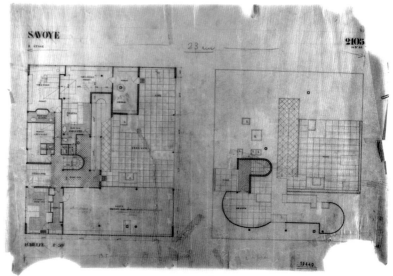

Villa Savoie, Poissy, Francia, 1929: la *promenade architecturale* recorre los diferentes niveles de terraza.
Ville Savoie, Poissy, France, 1929: the *promenade architecturale* crosses the different terrace levels.

nivel de domesticidad —lo privado, lo familiar— a cielo abierto, pero a resguardo de las miradas intrusas. Lo que resulta más curioso y apasionante es descubrir cómo un hombre formado en el racionalismo se dota de herramientas de la más pura tradición surrealista. Se dota de herramientas de la más pura tradición surrealista, dignas también de un posterior Robert Venturi. ¿Qué otra cosa es sino la ambigua presencia de un suelo que ni es césped exterior ni moqueta interior, de unas sillas de forja que bien podrían ser las de un salón pero también las de un jardín, o una chimenea que, más que como un imposible elemento de calefacción, actúa como imagen especular del Arco del Triunfo parisino en el horizonte urbano? Ambigüedad, recreación de lo doméstico, o la cubierta como vínculo entre esta domesticidad y la ciudad, la lección del ático Beistegui resulta magistral e interminable.

Simultáneamente, Le Corbusier construye la que se convirtió en la más simbólica de todas sus villas, la villa Savoie. El ejercicio desbocado de los Campos Elíseos parece que aquí queda comedido a la implacable ortodoxia de las reglas compositivas autoimpuestas. La villa Savoie es el ejemplo que ilustra una de sus "cuatro composiciones": el volumen del edificio es el resultado de un proceso sustractivo de materia de un volumen prismático. En el caso de la villa Savoie, estas sustracciones producen amplias plataformas que se utilizarán como terraza, así como rampas y escaleras que las comunican a una verdadera ascensión a modo de *promenade architecturale* hacia la culminación: el solario.

secluded and exposed, when roofing over the final floors of his villas in La-Chaux-de-Fonds. As in the M'Zab it's a matter of trying to create the maximum level of domesticity—the private, the familiar—in the open air, yet protected from prying eyes. What is odder and more exciting is discovering how a man trained in rationalism has tools from the purest Surrealist tradition at his command, tools worthy, too, of a future Robert Venturi. What else can the ambiguous presence be of a surface that is neither outdoor lawn nor indoor carpeting, of a few wrought-iron chairs which could indeed be those of a drawing room but also those of a garden, or a chimney that, more than as an impossible element of heating, acts as an specular image of the Arc de Triomphe on the Parisian skyline? Ambiguity, recreating the domestic, or the rooftop as a link between domesticity and the city—the lesson of the Beistegui penthouse turns out to be magisterial and interminable.

At exactly the same time Le Corbusier constructs what has become the most symbolic of all his villas, the Villa Savoie. It seems that here the impudent Champs Élysées exercise is submitted to the implacable orthodoxy of self-imposed compositional rules. The Villa Savoie is the example illustrating one of his "four compositions": the volume of the building is the result of a process of subtracting matter from a prismatic volume. In the case of the Villa Savoie these subtractions produce ample platforms which will be used as terracing, as well as ramps and stairways that connect them to a genuine ascent akin to a *promenade architecturale* towards the culminating point: the solarium.

MARSELLA COMO LUGAR CATALIZADOR

En 1952, aproximadamente un siglo después de que comenzaran a despuntar las primeras proezas de los pioneros del hormigón armado, Le Corbusier logra terminar su Unité d'Habitation de Marsella. Si en sus viajes a Grecia la arquitectura de los pueblos mediterráneos había dejado una huella imborrable, el conocimiento de la Acrópolis de Atenas quedaría grabado con fuerza en su mente: "Mediterráneo, rey de las formas y de la luz. La luz y el espacio. El hecho determinante fue mi contacto en 1910 con Atenas. Luz decisiva. Volumen decisivo: la Acrópolis. Mi primer cuadro, pintado en 1918, La chimenea, es la Acrópolis. ¿Mi Unité d'Habitation de Marsella? Es la prolongación".[37]

Del mismo modo que sobre la Acrópolis se levantan los Propíleos o el Partenón, en lo alto de la montaña-ciudad-*unité* de Marsella se alzan construcciones que, como en Atenas, establecen entre ellas un "juego sabio de volúmenes bajo la luz". Si es imposible entender el verdadero significado del Partenón sin considerar las relacio-

THE MARSEILLES *UNITÉ* AS A FINAL ACT

In 1952, approximately a century after the first exploits of the pioneers of reinforced concrete begin to make their mark, Le Corbusier manages to complete his *Unité d'habitation* in Marseilles. While on his trips to Greece the architecture of the Mediterranean peoples had left an indelible mark, knowledge of the Acropolis in Athens would remain deeply etched in his mind: "Mediterranean, king of forms and of light. Light and space. My contact in 1920 with Athens was crucial. Emphatic light. Emphatic volume: the Acropolis. My first picture, painted in 1919, *The Chimney*, is the Acropolis. My *Unité d'habitation* in Marseilles? It's the prolongation."[37]

Just as on top of the Acropolis stand the Propylaea or the Parthenon, so on the heights of the mountain-city-*unité* of Marseilles buildings are set buildings that, as in Athens, establish between themselves a "a knowing play of volumes exposed to light." If it is impossible to grasp the real meaning of the Parthenon without considering the geometrical relationships it

37 Citado en AA VV, *Le Corbusier et la Méditerranée*, Éditions Parenthèses. Marsella, 1987, pág. 7.

37 Quoted in [Various authors], *Le Corbusier et la Méditerranée*, Éditions Parenthèses. Marseilles, 1987, p. 7.

nes geométricas que establece en planta con el resto de los edificios, tampoco los volúmenes de la azotea de Marsella pueden dejar de considerarse un conjunto interdependiente, tal como muestra siempre Le Corbusier en todos sus dibujos. Sin embargo, no por ello dejan de perder su carácter escultórico propio, similar al de la columna dórica o la cariátide. Incluso también la topografía movida de la Acrópolis parece tener su reflejo en un sustento de la cubierta que, lejos de ser el plano perfecto, aparece más como un soporte espeso y profundo.

Pero la *Unité* de Marsella es mucho más. Como en el caso de Borie, el foro público, el ágora, el lugar de encuentro para la colectividad ya no se sitúa en el centro urbano, sino en lo alto de la *Unité*: la guardería o el teatro al aire libre, son sus mejores símbolos. La deidad a que se rinde tributo ya no es divina, sino totalmente humana: en el gimnasio, en la pista que recorre la terraza en su perímetro o en la piscina al aire libre, se cultiva y se adora el cuerpo, en lo que supone un último y glorioso episodio del sueño higienista.

También se completa en la *Unité* el encumbramiento definitivo de la ciudad-jardín vertical, que en los *immeubles-villas* quedó sólo en proyecto. Reducida la intención del jardín colgante privado para cada unidad familiar a una discreta terraza de dos alturas que comunica el dúplex con el exterior —probablemente debido al encuentro del proyecto con la realidad—, Le Corbusier pareció querer compensarlo al convertir toda la azotea en un inmenso jardín. Pero en este caso no fue como tantos lo hicieron, plantando árboles y vegetación, sino mediante la brillante y abstracta asociación entre la cubierta y el entorno, de modo que si la *Unité* representaba una ciudad vertical y la azotea su espacio exterior, la naturaleza y las montañas circundantes serían entonces su parque y su jardín.

establishes in layout terms with the remaining buildings, neither may the volumes of the flat roof in Marseilles fail to be considered an interdependent whole, just as Le Corbusier demonstrates in all his drawings. Not for this, though, do they cease to lose their particular sculptural character, similar to that of the Doric column or the caryatid. The undulating topography of the Acropolis actually seems to have its reflection, too, in a roof prop that, far from being the perfect plane, seems more like a thick and deep support.

Yet the Marseilles *Unité* is much more. As in the case of Borie, the public forum, the agora, the communal meeting place is no longer situated in the town centre but right at the top of the *Unité*: the kindergarten and the open-air theatre are its finest symbols. The deity to whom one renders tribute is no longer divine but totally human: in the gymnasium, on the track that goes round the edge of the terrace roof or in the open-air swimming pool the body is developed and adored in what one takes to be a final, glorious episode of the hygienist dream.

The definitive act of putting up the vertical garden city, which remained a mere project in the *immeubles-villas*, is also finalised in the *Unité*. The idea of a private hanging garden for each family unit being reduced to a discreet split-level terrace which connects the duplex up to the outside—probably due to the design's run-in with reality—Le Corbusier seemed to want to compensate for this by converting the entire flat rooftop into a vast garden. But in this instance it wasn't how so many have done it, in planting trees and vegetation, but by means of the brilliant and abstract link between the rooftop and its environs, so that if the *Unité* represented a vertical city and the flat roof its exterior space, the natural world and the surrounding mountains would then be its park and its garden.

A mature work, grandiose and catalytic, the *Unité* in Marseilles involved a heartfelt tribute to

132 UNITÉ D'HABITATION, MARSELLA, FRANCIA, 1946   *UNITÉ D'HABITATION*, MARSEILLES, FRANCE, 1946

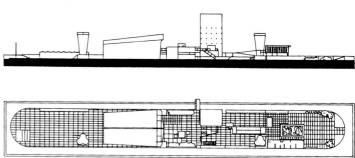

¿Edificio de viviendas o paquebote?
Apartment building or steamer?

El concepto total de ciudad-jardín: un ágora pública en altura dentro de la naturaleza.
The total concept of the garden city: a high-rise public square in the midst of nature.

"Un lugar entre el edificio y el cielo": la pista de deporte.
"A spot between the building and the sky": the sports track.

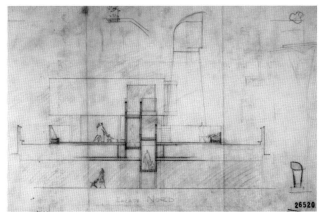

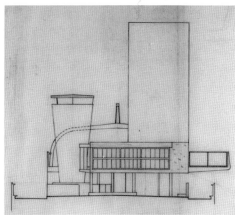

La cubierta como elemento arquitectónico autónomo, con sus propios alzados y secciones.
The roof as an autonomous architectural element with its own elevations and sections.

Obra de madurez, ingente y catalizadora, la *Unité* de Marsella supuso un sentido tributo a las formas y técnicas de los precursores y los pioneros. Constituyó un homenaje formal al lenguaje náutico que tanto adoró en los tiempos de la revista *L'Esprit Nouveau* —son reconocibles no sólo el perfil de las chimeneas, sino también los puentes de mando y las escaleras—, pero, sobre todo, un alegato constructivo en favor de los inventores del material con el que ahora se podían construir estructuras, forjados, revestimientos y celosías, un mundo de hormigón donde recrear, en lo más alto, ese "lugar entre el edificio y el cielo",[38] un lugar donde se dan cita un siglo de anhelos y deseos para hacer de la cubierta un espacio donde vivir, habitar y, también, soñar.

the forms and techniques of the precursors and pioneers. It constituted a formal homage to the nautical language Le Corbusier so adored in the days of the magazine *L'Esprit Nouveau*—not only are the shapes of the funnels recognisable, but also those of the bridge and the companionways—but above all a constructional argument in favour of the inventors of the material with which one could now construct frameworks, decks, facings and lattices, a world of concrete in which to recreate, on the very top of everything, that "spot between the building and the sky,"[38] a spot where a century of yearnings and desires to make the roof a space in which to live, inhabit and also dream come together.

38 Así se titula el artículo de BELLI, CARLO *et alt.*, "Between the Building and the Sky (the Importance of Roofs in Corbusier's Work); Looking at the Terrace of the Marseille Unité d'Habitation", en *Domus*, 687, octubre de 1987.

38 Such is the title of the article by BELLI, CARLO *et al.*, "Between the Building and the Sky (the Importance of Roofs in Corbusier's Work); Looking at the Terrace of the Marseille Unité d'Habitation", *Domus*, 687, October 1987.

La deriva hacia la contemporaneidad

The drift towards contemporaneity

EL PAISAJE HABITUAL

THE CUSTOMARY LANDSCAPE

Tras la culminación de la *Unité* de Marsella, es mucho lo que ha ocurrido en estos 40 años, y numerosos los prismas a través de los cuales puede analizarse. Se debe constatar primero que, en un claro paso hacia atrás, los paisajes de cubiertas de muchas ciudades occidentales han vuelto a convertirse en campos yermos. Ya no son los espacios desaprovechados que vimos, sino que han pasado a desempeñar un papel totalmente nuevo en la configuración del edificio contemporáneo, que parece que no necesita contacto con el exterior —pues los métodos y técnicas de acondicionamiento proporcionan una atmósfera artificial y homogénea en su interior—, y para el que tampoco parece importar el lugar donde se levanta. No obstante, la nueva construcción autónoma y estanca, autosuficiente e introspectiva, necesita de grandes superficies al aire libre para ubicar todas las instalaciones que permiten que el edificio obtenga la artificialidad propia de su ambiente. Es así como las azoteas se han visto paulatinamente durante varios decenios invadidas por conductos, compresores, ventiladores, antenas y un sinfín de máquinas que, por acaparación de espacio y por el ruido generado, han dejado poco o ningún lugar para cualquier disfrute de la cubierta.

En cambio, estos *roofscapes*[1] de supuesto desecho han sido fuente de inspiración —incluso antes de poblarse de máquinas— para numerosos pintores; un interés que se remonta a los paisajes de cubiertas vienesas dibujadas por

Much has happened during the forty years since the culmination of the Marseilles *Unité*, and many are the prisms through which this can be analysed. We must observe first of all that in a clear step backwards the roofscapes of many Western cities have gone back to being wastelands. No longer are they the unproductive spaces we once saw, instead they have gone on to play a totally new role in the configuration of the contemporary building, which apparently doesn't need contact with the outside—since the methods and techniques of climate control provide an artificial, homogeneous atmosphere within them—and neither does the location in which it is erected seem to matter to it. All the same, the autonomous, hermetically sealed new building, self-sufficient and introspective, needs huge surfaces in the open air for siting all the installations that permit the building to acquire the artificiality peculiar to its environment. This is the way in which flat roofs have gradually found themselves invaded over various decades by pipes, compressors, ventilators, aerials and a huge number of machines that, due to monopolisation of the space and the noise generated, have left little or no room for any enjoyment of the roof.

On the other hand these seemingly disdainful *roofscapes*[1] have been a source of inspiration—even before being colonised by machines—for many painters; an interest that goes back to the Viennese roofscapes drawn by Egon Schiele or

---

[1] Así llama a los paisajes de cubierta Gert Käler en un interesante artículo que relaciona dichos paisajes con su habitabilidad. Cf. KÄLER, GERT, "Roofscapes", en *Daidalos*, 42, 1991, págs. 122-129.

[1] Gert Käler calls them this in an interesting article relating such landscapes to their habitability. Cf. KÄLER, GERT, "Roofscapes", *Daidalos*, 42, 1991, pp. 122-129.

Haciendo *jogging* en la azotea (Nueva York, EE UU).
Jogging on the flat roof (New York, USA).

Resquicios de privacidad donde tomar el sol (Nueva York).
Possibilities of privacy in which to sunbathe (New York).

Egon Schiele o las parisinas de Ferdinand Léger a principios del siglo XX, y que tiene su momento culminante en la serie *City Roofs* de Edward Hopper a mediados de la década de 1930. Las cubiertas de Hopper no son aún las del desbarajuste de las instalaciones, pero sí inauguran la era de la cubierta-bodegón o naturaleza muerta, donde la azarosa disposición de los volúmenes, chimeneas y claraboyas, fundamentalmente, crea un espacio estático pero con vida: la vida que recibe del movimiento del sol y de las sombras. Se trata de una cubierta que ya no se mira desde lo alto de un rascacielos, sino desde la proximidad y la privacidad de la ventana, casi al mismo nivel, del hotel. Aunque no esté habitada en el sentido estricto ni puede utilizarse, sí es posible adivinar la tranquilidad —a la vista y al oído— de este panorama urbano próximo,

the Parisian ones by Fernand Léger at the beginning of the 20th century, and which has its culminating moment in Edward Hopper's *City Roofs* series in the mid-1930s. Hopper's rooftops are not yet those of the chaos of installations, but they do herald the era of the roof-still life or *nature morte*, in which the chance disposition of masses, chimneys and skylights basically creates a static space, yet one with life: the life it gets from the movement of sun and shadows. This is a roof that is no longer looked at from the top of a skyscraper but from the nearness and privacy of the window, almost at the same level, of the hotel. Although the roof may not be inhabited in the strict sense, and neither can it be utilised, it is nevertheless possible to sense the tranquillity—to the sight and the hearing—of this nearby urban panorama, al-

El campo de azoteas en invierno: ¿una naturaleza muerta?
The range of flat roofs in winter: a still life?

Las instalaciones conquistan e inutilizan la cubierta.
Installations overrun the roof, rendering it useless.

aunque inalcanzable, para el anónimo y pasajero usuario de esa habitación.

Desde el inicio de su carrera, la obra de Antonio López ha representado, con la minuciosidad del hiperrealismo que le caracteriza, muchos paisajes urbanos de Madrid, su ciudad. A nivel de la calle o subido a una atalaya, los paisajes urbanos de Antonio López son también inanimados: no pasa gente ni parece discurrir el tiempo por ellos. En sus cubiertas nunca hay movimiento ni nada que delate un atisbo de vida. Se adivinan también chimeneas, o torres de ascensores, en una lejanía a la que obliga una perspectiva mucho más amplia que se pierde en el difuso límite del horizonte de la ciudad. Lo que para Edward Hopper era proximidad de lo intocable, para Antonio López se convierte en el sosiego de lo inabarcable.

beit one beyond the reach of the anonymous and transient user of the room.

Right from the beginning of his career the work of Antonio López has depicted, with the meticulousness of the hyperrealism which characterises him, many of the urban landscapes of Madrid, his native city. At street level, or from a high vantage point, Antonio López's urban landscapes are also inanimate: no people pass through them and time seems to have stood still. On his rooftops there is never movement or anything that may betray a hint of life. Chimneys, or elevator towers, are also divined in the distance a much ampler perspective calls for and which is lost in the diffuse horizon of the city's limit. What was for Edward Hopper the nearness of the untouchable becomes for Antonio López the peace of the limitless.

No obstante, bajo estas cubiertas-muertas, la vida continúa en la ciudad y en sus edificios. Como si se tratara de recuperar clandestinamente lo que durante años se había aireado como no sólo una necesidad, sino también una virtud, el hombre sigue su natural impulso de subir a los tejados. En la azotea del rascacielos contemporáneo —lugar inhóspito donde los haya— se puede sorprender a un grupo de oficinistas practicando *jogging* en la hora del descanso, en busca del aire puro que no encuentran en la calle. Asimismo, es posible descubrir personajes encaramados a los resquicios de practicabilidad que pueblan las cubiertas inclinadas de sus residencias —¿una *altana* moderna?— para tomar el sol en los meses de verano.

Si el historiador debe distanciarse al menos 40 años desde la fecha que está investigando para poder opinar con rigor, perspectiva y conocimiento de causa, la Unité de Marsella marca un oportuno punto de inflexión, no sólo metodológico sino también conceptual. A pesar de lo que pudiera parecer un panorama desolador, el arquitecto nunca ha abandonado el tema de la cubierta durante estos años, aunque lo haya tratado individualmente, ajeno a escuelas, tendencias o cruzadas. Son éstas las razones históricas y circunstanciales por las que hemos estructurado este último capítulo en fichas. Cada ficha trata de una posible tipología de uso de la terraza —urbana, verde o zócalo, por ejemplo—, y está encabezada por un proyecto relevante de las décadas de 1960 y 1970, que le da título. A este proyecto le siguen uno o dos contemporáneos que completan la visión. No se trataba de hacer un exhaustivo catálogo, imposible por otro lado, sino de seleccionar unas muestras del panorama de lo que, en el enunciado de esta sección, se ha dado en llamar "la deriva hacia la contemporaneidad", una evolución que comienza en la década de 1960 y finaliza en nuestros días.

All the same, beneath these moribund rooftops, these *toitures-mortes*, life in the city and its buildings goes on. As if it were a question of clandestinely recovering what had for years been bruited as not only a necessity but a virtue, man follows his natural impulse to ascend to the rooftops. On the flat roof of today's skyscraper—the most inhospitable spot one can imagine—you may come across a group of office workers jogging in their lunch hour, in search of the pure air they don't find at street level. Likewise, it's possible to discover people who use almost furtively the little spots of their roofs—a modern *altana*?—to sunbathe during the summer months.

If the historian must be at a distance of at least forty years from the date he is investigating in order to opine with rigour, perspective and full knowledge of the case in point, the Marseilles *Unité* marks an opportune turning point, not only methodologically but also conceptually. Despite what might seem a bleak state of affairs, the architect has never given up on the theme of the roof during all these years, although he may have handled it individually, oblivious to schools, tendencies or crusades. These are the historical and circumstantial reasons why we've structured this last chapter as a series of individual entries. Each entry discusses a possible typology of use of the terrace—urban, green or podium, for example—and is headed by a relevant project from the 1960s and 70s, which gives it its title. This project is followed by one or two contemporary ones that complete the picture. The idea was not to come up with an exhaustive catalogue, which is otherwise impossible, but to select from the range on display a few samples of what, in the stated theme of this section, we have taken to calling "the drift towards contemporaneity," a development which begins in the 1960s and ends in our own time.

LA CUBIERTA CON ESPESOR

THE THICK ROOF

ALEJANDRO DE LA SOTA, GIMNASIO DEL COLEGIO MARAVILLAS, MADRID, ESPAÑA, 1962
Alejandro de la Sota construye el gimnasio del colegio Maravillas en Madrid entre 1961 y 1962. El solar de que dispone es pequeño en superficie, irregular en las alineaciones y excesivo en los desniveles. El programa, en cambio, es exigente: una mayor área de patio de juegos, un espacio para varias aulas y un gran gimnasio con piscina. Todo ello no hace renunciar a Sota a unas restrictivas condiciones de confort autoimpuestas que, paradójicamente, actuarán como generadoras del proyecto. Todos los espacios, en particular el del gimnasio, deberán estar bien iluminados con luz natural y convenientemente ventilados.

De esta manera, el patio superior de juegos se prolonga sobre la terraza horizontal del nuevo edificio, y el gimnasio se sitúa al nivel de la calle desde donde se accede. Entre el gimnasio y la calle se levanta un muro ciego que lo protege de las miradas de los curiosos y del ruido de un entorno urbano tumultuoso; está coronado con un lucernario inclinado que deja entrar sesgadamente la luz natural, y en su parte inferior, una rejilla deja pasar el aire creando una corriente, suave pero continua, con la salida de aire en la parte superior trasera sobre las gradas. Un croquis del arquitecto representa el cruce en aspa de los flujos de luz y aire.

Al tener que cubrir el espacio del gimnasio acondicionado de este modo y, a la vez, sopor-

ALEJANDRO DE LA SOTA, MARAVILLAS SCHOOL GYMNASIUM, MADRID, SPAIN, 1962
Alejandro de la Sota constructed the gymnasium of the Maravillas School in Madrid in 1961-1962. The plot he had available was small in area, irregular in alignment and excessive in its changes of level. The programme, on the other hand, was exigent: a substantial playground area, a space for various classrooms, and a big gymnasium with swimming pool. None of this caused Sota to renounce a set of self-imposed and restrictive conditions of comfort that would paradoxically act as generators of the design. All the spaces, in particular the gym, were to be well lit with natural light and conventionally ventilated.

The upper playground is prolonged, then, on the horizontal terrace roof of the new building and the gym situated at the level of the street you enter from. Between the gym and the street there is a blind wall which protects the former from prying eyes and the noise of a rowdy environment; it is roofed with a sloping skylight that lets natural light enter on the slant, and in its bottom section a grille allows the air to pass, creating a gentle but continuous current, with its outlet in the upper rear area above the tiered seating. One of the architect's sketches depicts the X-shaped intersection of the streams of light and air.

In having to roof the climate-controlled gymnasium space in this way, and at the same time

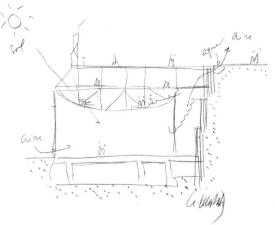

tar el patio superior, Alejandro de la Sota y su ingeniero Eusebio Rojas colocaron una sucesión de vigas-puente invertidas, en contra de la ortodoxia estructural, pero sin perder capacidad mecánica alguna. En los intersticios entre cercha y cercha, el espacio se aprovecha de un modo sorprendente ubicando las aulas requeridas. Se trata de un espacio donde se muestra con transparencia la lógica constructiva —los pilares secundarios sobre la viga-puente, las cerchas planas y la estructura de forjado asociada sobre éstos—, aprovechando el perfil del cuchillo para recrear la necesaria topografía en grada del aula. Las aulas, lejos de ser lugares estancos, están conectados con el resto del edificio a través de un amplio ventanal en triforio sobre la fachada principal y una distribución homogénea de lucernarios de pavés en el suelo transitable del patio de juegos superior.

¿Una cubierta sobre una cubierta, entonces, y las dos habitables? Efectivamente, el gimnasio del colegio Maravillas constituye no sólo un ejemplo claro de cubierta con espesor, sino también un caso insólito de superposición de los niveles de cubrición. En este ejercicio, De la Sota pone además en tela de juicio el tradicional concepto geométrico que asociaría la forma convexa a la coronación y el desagüe, y la plana a la delimitación del espacio interior; bien al contrario, las vigas se convierten en un vientre que actúa como techo del gimnasio y los tirantes asumen la función de sustentar el nuevo campo de juegos.

to provide support for the upper playground, Alejandro de la Sota and his engineer Eusebio Rojas collocated a succession of inverted bridge girders, contrary to structural orthodoxy, but without losing any mechanical capacity. In the interstices between trusses the space is used in a surprising way for siting the required classrooms. This is a space in which the constructional logic is openly displayed—the secondary pillars on the bridge girder, the flat trusses and the associated decking structure on top of them—by making use of the outline of the truss to recreate the necessary stepped topography of the classroom. Far from being hermetically sealed places, the classrooms are connected to the rest of the building via an ample picture window at clerestory level on the main facade and an homogeneous distribution of glass-brick skylights on the transitable ground surface of the upper playground.

A roof upon a roof, then, and the two of them inhabitable? Actually, the Maravillas School gymnasium is not only an example of a roof with thickness but also an unusual instance of superimposing the levels of roofing. In this exercise De la Sota also calls into question the traditional geometric concept which associates the convex form with crown and drainage, and the flat one with the delimitation of interior space; very much to the contrary the girders are turned into a womb which acts as the gym ceiling and the crosspieces assume the function of bearing the weight of the new playing field.

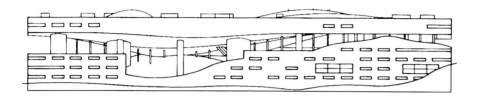

REM KOOLHAAS/OMA, CENTRO DE CONGRESOS EN AGADIR, MARRUECOS, 1989

La cubierta proyectada por Rem Koolhaas y su oficina OMA para un concurso de hotel y centro de congresos en la ciudad marroquí de Agadir es también espesa. El edificio se plantea como una sección claramente dividida en tres partes: un basamento, el centro de congresos, que toma la ondulación del paisaje de dunas sobre el que se asienta; una plaza pública que se abre a los cuatro costados para todas las actividades al aire libre; y, finalmente, sobre esta plaza, una gran losa flotante habitada que alberga el hotel y cuyas habitaciones se iluminan y ventilan mediante patios y torretas en la azotea. Esta gran cubierta de Agadir tiene entidad y dimensión propia, además de estar embebida dentro de una lógica estructural ajena a la que rige el resto del edificio.

REM KOOLHAAS/OMA, CONFERENCE CENTRE IN AGADIR, MOROCCO, 1989

The roof designed by Rem Koolhaas and his OMA office/studio for the hotel and conference centre competition in the Moroccan town of Agadir is also a thick one. The building is posited as a section clearly divided into three parts: a base, the conference centre, which follows the undulation of the landscape of dunes on which it sits; a public piazza which is open on all four sides for different kinds of open-air activities; and finally, on this piazza, a huge, floating, inhabited slab which houses the hotel, the rooms of which are illuminated and ventilated by patios and turrets on the flat roof. This great roof in Agadir has its own substance and size, as well as being incorporated within a structural logic at odds with the one governing the rest of the building.

LA CUBIERTA CON ESPESOR   THE THICK ROOF

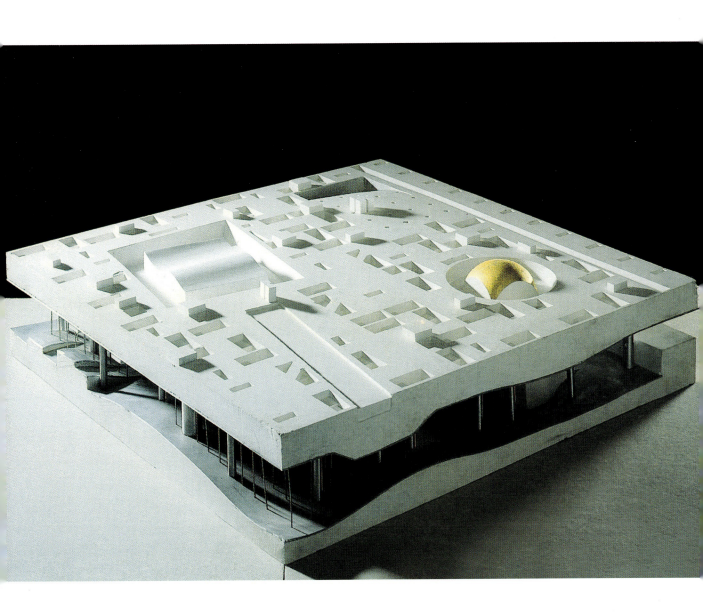

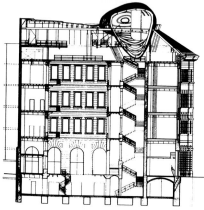

ERICK VAN EGERRAT ASSOCIATES ARCHITECTS, REMODELACIÓN DE EDIFICIO DE OFICINAS, BUDAPEST, HUNGRÍA, 1994-1997

Si el proyecto de Rem Koolhaas supone una liberación estructural y espacial respecto al marco que encorsetaba la respuesta del gimnasio del colegio Maravillas, el polo definitivamente opuesto lo marca el proyecto de los holandeses Mecanoo para la rehabilitación de un edificio de oficinas en el centro de Budapest. Como respuesta a la restrictiva normativa de conservación de fachadas y alineaciones, Mecanoo levanta en cubierta un volumen que alberga la sala de conferencias, una estructura autónoma de madera, vidrio y cinc que parece flotar como un gran cetáceo sobre el último forjado y el hueco de escaleras. La ondulación de los suelos y los techos parece responder más a caprichos de la forma que a la necesidad de encajar un rompecabezas espacial o de crear una pieza con coherencia entre las partes. No obstante, el ejercicio queda como un interesante ejemplo de la libertad que ofrece la cubierta como campo de experimentación cuando se trabaja en un marco demasiado restrictivo.

ERICK VAN EGERRAT ASSOCIATES ARCHITECTS, REMODELLING OF AN OFFICE BUILDING, BUDAPEST, HUNGARY, 1994-1997

If Rem Koolhaas's design has to do with a structural and spatial liberation with regard to the framework delimiting the response of the Maravillas School gymnasium, the absolutely opposite extreme is defined by the project by the Dutch architects Mecanoo for the rehabilitation of an office building in the centre of Budapest. As a response to the restrictive rules governing the preserving of facades and alignments, Mecanoo builds a rooftop volume that accommodates the conference hall, an autonomous structure of wood, glass and zinc that seems to float like a great cetacean above the final floor and the stairwell. The undulation of the floors and ceilings appears to respond more to formal caprice than to the need to make a spatial puzzle fit or to create an entity with coherence between the parts. Having said that, the exercise remains an interesting example of the freedom the roof offers as a field of experiment when one works within an over-restrictive framework.

LA CUBIERTA PEATONAL

THE PEDESTRIAN ROOF

KEVIN ROCHE Y JOHN DINKERLOO, OAKLAND MUSEUM, CALIFORNIA, EE UU, 1961

El Oakland Museum es un ejemplo paradigmático de cómo un edificio, por sus proporciones, puede adoptar la lógica de una pieza urbana simultáneamente autónoma y dependiente de la ciudad que lo rodea. A partir de una enorme parcela rectangular flanqueada por cuatro importantes arterias de circulación, el encargo requería un ambicioso programa museístico que cobijara bajo un mismo techo los tres principales proyectos de museos californianos: el Museo de Historia Natural, el de Historia Cultural y el de Arte. El Oakland Museum (1961) es el primer eslabón de una brillante carrera de Kevin Roche y John Dinkeloo en la resolución de proyectos a gran escala.

La solución de la pieza es consecuencia directa de una atenta lectura de los condicionantes del lugar y de los requerimientos del encargo. El solar, además de su gran tamaño, presentaba la dificultad de una topografía ascendente desde su vértice noreste al suroeste. A su vez, las necesidades expositivas requerían unos espacios generosos tanto en tamaño como en iluminación natural, además de tener que dotar al conjunto de un número considerable de plazas de aparcamiento y, a ser posible, de zonas ajardinadas en contacto con el museo.

El proyecto construido reserva un amplio espacio público en la esquina inferior del solar, y sitúa los servicios comunes semienterrados o

KEVIN ROCHE & JOHN DINKERLOO, OAKLAND MUSEUM, CALIFORNIA, USA, 1961

The Oakland Museum is a paradigmatic example of how, due to its proportions, a building may adopt the logic of an urban entity that is simultaneously autonomous of and dependent on the city that surrounds it. Taking off from an enormous rectangular plot of land flanked by four important traffic arteries, the brief called for an ambitious museistic programme which would harbour under the one roof the three main Californian museum projects: the Museums of Natural History, Cultural History, and Art. The Oakland Museum (1961) is the first link in Kevin Roche and John Dinkeloo's brilliant career in the resolution of large-scale projects.

The solution of the entity is a direct consequence of an attentive reading of the conditions of the location and of the requirements of the brief. As well as its great size, the site presented the difficulty of a topography ascending southwest from its northeast vertex. In turn, the display needs called for natural lighting and spaces that were generous in both size and natural light, as well as having to endow the whole with a consider number of parking places and, if possible, of landscaped areas in contact with the museum.

The built design sets aside an ample public area in the lower corner of the site, and positions the communal services either half-underground or looking towards the street. The three

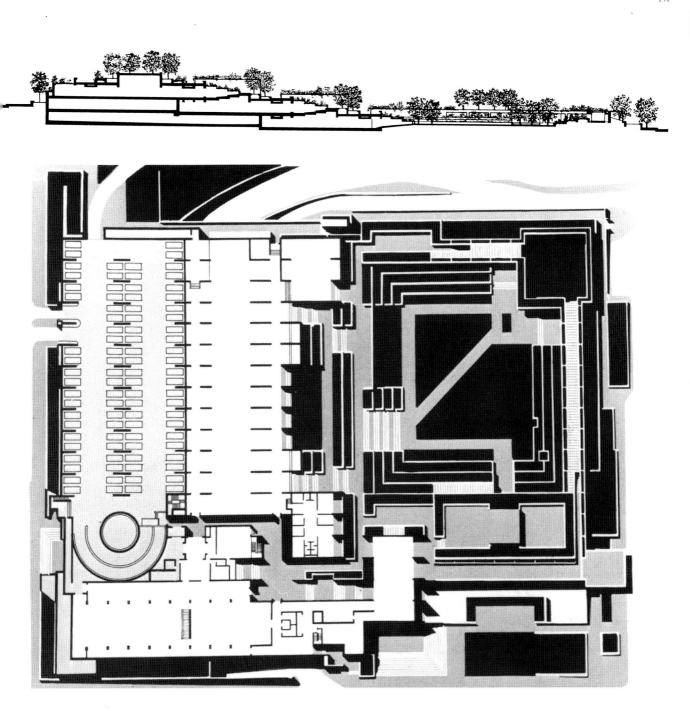

mirando a la calle. Los tres museos se articulan alrededor de la plaza pública con un denominador común estilístico y tipológico que da coherencia y homogeneidad al conjunto. Sobre el terreno y el edificio se construyen unos terraplenes que permiten la iluminación del espacio expositivo interior a través de grandes ventanas.

Una vez creada la topografía artificial relacionada con la natural existente, era necesario engarzar la pieza con la ciudad, lo que se consigue mediante una red peatonal que atraviesa la cubierta, conecta las arterias urbanas —a través de los accesos en los cuatro costados— y permite también una entrada diferenciada a cada museo. Ciudadanos o visitantes, los peatones se desplazan por la cubierta del edificio a través de pasadizos, calles, terrazas y escalinatas. Junto a la estudiada colocación de las plantaciones de arbustos y con los pozos-terraplenes, las escalinatas permiten que los dos mundos —el exterior semiurbano y la tranquilidad interior del museo— convivan sin molestarse y sin traspasar el umbral de la privacidad.

museums are articulated around the public piazza with a common stylistic and typological denominator that lends coherence and homogeneity to the whole. A number of earth platforms are built on the terrain and the building which allow for the illumination of the exhibition space within by means of large windows.

Once the artificial topography relating to the existing natural one was created, it was necessary to link the entity up with the city, something which is arrived at by means of a pedestrian network which crosses the roof, connects the urban arteries—through the accesses on the four sides—and also provides a distinct entrance to each museum. Locals or visitors, the pedestrians move across the roof of the building through passageways, streets, terraces and flights of steps. Next to the studied placement of the plantings of bushes and with the wells-cum-earth platforms, the steps enable the two worlds—the semi-urban exterior and the interior tranquillity of the museum—to coexist without inconveniencing each other and without crossing the threshold of privacy.

 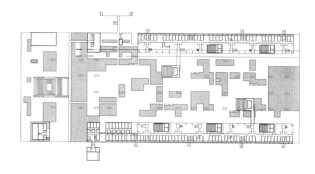

RIKEN YAMAMOTO, UNIVERSIDAD DE SAITAMA, YOKOHAMA, JAPÓN, 1999

De modo similar, el edificio de Riken Yamamoto & Field Shop para la Universidad de Saitama, Japón, parte del principio de una cubierta transitable mediante una tupida trama de calles y pasarelas. Situado entre dos crujías paralelas que contienen los laboratorios, el podio o plataforma central acoge las aulas y seminarios. En una solución que recuerda ciertos edificios escolares de la arquitectura nórdica, cada aula se abre a un patio —como incisión en la masa del podio— que le da luz, aire y espacio de descanso. Aunque esté basada en una cuadrícula ortogonal, la distribución de las perforaciones no es regular en su ritmo y tamaño, sino que adopta formas aleatorias, y en ocasiones agrupa a varias aulas relacionadas entre sí temáticamente. Sobre su cubierta plana y sin topografía impuesta, jardines, plazas y paseos de entarimado de madera permiten tomar el camino más recto o el más sinuoso, según se dirija uno de un bloque al otro o, al contrario, a alguna de las torres de ascensores y servicios que comunican la plaza con el nivel semienterrado.

RIKEN YAMAMOTO, SAITAMA UNIVERSITY, YOKOHAMA, JAPAN, 1999

In like manner, the building by Riken Yamamoto & Field Shop for the University of Saitama, Japan, proceeds from the principle of a roof passable by means of a tight weave of streets and footbridges. Situated between two parallel bays that contain the laboratories, the central podium or platform houses the classrooms and seminar rooms. In a solution that recalls certain Nordic pieces of school architecture, each classroom opens onto a patio—as an incision in the mass of the podium—which gives it light, air and relaxation space. Though it may be based on an orthogonal grid pattern, the distribution of the perforations is irregular in its rhythm and size, since it adopts aleatory forms and on occasions conjoins various thematically interrelated classrooms. On its topography-less flat roof, gardens, piazzas and pathways of wood flooring enable one to take the straighter or more winding route, depending on whether one is going from one block to another or, on the contrary, to one of the elevator and services towers which link the piazza to the semi-buried level.

KAZUYO SEJIMA + RYUE NISHIZAWA, ESTUDIO MULTIMEDIA EN OOGAKI, GIFU, JAPÓN, 1997

También en el estudio multimedia de Oogaki, Kazuyo Sejima y Ryue Nishizawa utilizan la cubierta como elemento semiurbano que hace tanto de parque público como de acceso al recinto. En este proyecto se decide semienterrar el edificio en el parque que lo rodea, y su cubierta presenta una forma de parábola invertida y de planta cuadrada que toca el terreno en una leve inflexión en uno de los laterales, con lo que para subir a ella sólo hay que subir un escalón. En dicha cubierta, diferentes itinerarios llevan a las escaleras que descienden al estudio, se acotan las zonas de iluminación cenital e, incluso, se prevé el uso como espacio de exposición de instalaciones multimedia.

KAZUYO SEJIMA + RYUE NISHIZAWA, MULTIMEDIA STUDIO IN OOGAKI, GIFU, JAPAN, 1997

In the multimedia studio in Oogaki, Kazuyo Sejima and Ryue Nishizawa use the roof as a semi-urban element which acts as both a public park and an entrance to the spot. In this design they decide to half-bury the building in the surrounding parkland. Its roof, meanwhile, presents the shape of an inverted parabola, square in plan, which touches the terrain in a slight dip in one side, so that in order to ascend to it one only has to mount a step. On this roof different itineraries lead to the stairs that go down to the studio, the areas of overhead lighting are delimited, and its use was even envisaged as an exhibition space for multimedia installations.

LA CUBIERTA VERDE

THE GREEN ROOF

ATELIER 5, VIVIENDAS HALEN, BERNA, SUIZA, 1962

El complejo residencial Halen (1959-1962) articula inteligentemente el espacio público, el privado y la vivienda en un entendimiento integral de la arquitectura participativa. Situadas en un bosque a las afueras de Berna, las viviendas Halen parten del proyecto de una unidad básica de habitación, de dos alturas normalmente, que se ensambla con el terreno mediante varios bloques lineales. Entre los bloques discurren los espacios públicos que conectan los diferentes equipamientos comunitarios.

    La división de la propiedad explica bien su funcionamiento y la importancia de la cubierta. Cada vivienda tiene la propiedad no sólo de la parcela donde se asienta, sino también de la cubierta de la vivienda que la antecede en la pendiente. Sobre esta cubierta, y según la localización, la vivienda consta de un sobrado o piso adicional y, en la mayoría de los casos, de un jardín.

    Aunque se deseaban sistemas totalmente estandarizados, las dificultades de la época aconsejaron construir cada vivienda como una unidad constructiva y estructural. En cambio, tanto la cimentación como la cubierta se construyeron con elementos continuos y lineales que abarcan toda la longitud de los bloques. Esta continuidad de la cubierta superior facilita su transformación en una plantación de especies herbáceas, lo que constituye además de los con-

ATELIER 5, HALEN HOUSING, BERNE, SWITZERLAND, 1962

The Halen residential complex (1959-1962) intelligently articulates public/private space and housing in an integral understanding of participatory architecture. Situated in a wood on the outskirts of Berne, the Halen apartments proceed from the planning of a basic unit of habitation, normally double-height, which is linked to the terrain by means of various linear blocks. Extending between the blocks are the public spaces that connect the different community facilities.

    The division of the property explains its functioning and the importance of the roof. Each dwelling has ownership not only of the plot of land on which it stands but also of the roof of the house that precedes it on the slope. On this roof, and according to location, the house consists of an attic or additional floor and, in the majority of cases, of a garden.

    Although totally standardised systems were desired, the difficulties of the era counselled building each dwelling as a constructional and structural unit. In exchange, both the foundations and the roof were constructed with continuous, linear elements that span the entire length of the blocks. This continuity of the upper roof facilitates its transformation into a plantation of herbaceous varieties, which constitutes, along with the customary benefits for the hygrothermic conditions of the houses and

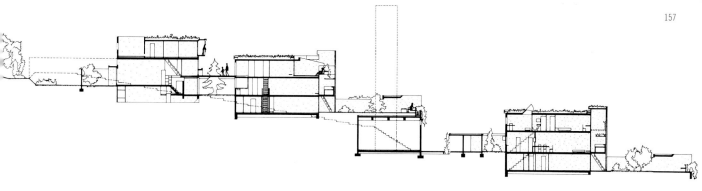

sabidos beneficios para las condiciones higrotérmicas de las viviendas y para la conservación del hormigón, un atractivo ejercicio estético de camuflaje en una obra concebida con una clara vocación de integración en la naturaleza.

for the preservation of the concrete, an attractive aesthetic exercise in camouflage in a work conceived with an evident concern for integration in nature.

ÁBALOS & HERREROS, CASA VERDE, POZUELO DE ALARCÓN, MADRID, ESPAÑA, 1997 Y ESTUDIO GORDILLO, VILLANUEVA DE LA CAÑADA, MADRID, ESPAÑA, 1999-2002

En las dos últimas décadas, la cubierta verde —como protección y como *plus* estético— ha tenido un importante desarrollo hasta considerarse como una alternativa ecológica a los yermos campos urbanos de azoteas. Así lo han sabido entender los madrileños Iñaki Ábalos y Juan Herreros, quienes han utilizado con profusión cubiertas vegetales en sus proyectos más recientes. Mientras que en la Casa verde, a las afueras de Madrid, la geometría de la cubierta se considera como un espacio de prolongación de las especies que tapizan el jardín, lo que aumenta el efecto de camuflaje, en el estudio Gordillo, también en la periferia madrileña, se aprovechan los desniveles del terreno para enterrar parte del estudio. De este modo, la cubierta, en continuación con el jardín superior, se coloniza con especies tanto xerófilas como con arbustos y árboles, en un plano donde se disponen senderos de grava y que flanquean unos lucernarios que garantizan la iluminación del espacio interior.

ÁBALOS & HERREROS, GREEN HOUSE, POZUELO DE ALARCÓN, MADRID, SPAIN, 1997 AND GORDILLO STUDIO, VILLANUEVA DE LA CAÑADA, MADRID, SPAIN, 1999-2002

In recent decades the green roof—as protection and as aesthetic plus—has developed to the point of being considered an ecological alternative to the urban wastelands of flat roofs. This is the way it has been understood by the Madrid architects Iñaki Ábalos & Juan Herreros, who have often used a vegetal roof in their more recent projects. While in the Green House, on the outskirts of Madrid, the geometry of the roof is considered as a space of prolongation of the varieties which carpet the garden, something which augments the camouflage effect, in the Gordillo Studio, also in the Madrilenan periphery, the changes of level of the terrain are used to bury part of the studio. In this way the roof, in continuity with the upper garden, is planted with xerophilous varieties as well as with bushes and trees in a flat expanse in which gravel paths are laid out that flank a number of skylights which guarantee illumination of the interior space.

LA CUBIERTA VERDE THE GREEN ROOF 161

LA TERRAZA ESCALONADA

THE STEPPED ROOF

FRANCISCO J. SÁENZ DE OÍZA, CIUDAD BLANCA, ALCUDIA, MALLORCA, ESPAÑA, 1961

Atento a las preocupaciones sociales que postulaban los miembros del Team X y que él mismo se encargó de trasladar a varias experiencias de vivienda social, Sáenz de Oíza pareció considerar en el proyecto de la Ciudad Blanca de Alcudia (1962-1963) que el ejercicio de un poblado de vacaciones no distaba mucho de las políticas de realojo masivo, pues se trataba de proporcionar alojamiento a una nueva población que debía asentarse sobre un territorio desocupado.

Del ambicioso programa inicial que preveía varios bloques de apartamentos y una torre para hotel, sólo se llegó a construir el bloque más cercano al mar: un edificio con traza sesgada en planta y perfil escalonado en sección. El quiebro establece unidades de cuatro plantas con la misma orientación hacia la playa, y en cada una de sus plantas, un apartamento al que se accede por una escalera en espiral que parte de la calle y recorre el edificio en su parte trasera. En clara alusión a ciertos proyectos de vivienda colectiva de Jørn Utzon, el suelo del apartamento se escalona de forma descendente —Sáenz de Oíza lo llamaba movimiento para cuadrar la vista con la línea del horizonte— hasta desembocar en la generosa terraza.

De hecho, la terraza es, por su uso, un elemento consustancial a un apartamento de vacaciones y también generador de la forma del edificio en su conjunto.[1] Cada terraza debía ga-

FRANCISCO J. SÁENZ DE OÍZA, CIUDAD BLANCA, ALCUDIA, MAJORCA, SPAIN, 1961

Attentive to the social preoccupations that members of Team X were postulating and which he took it on himself to transfer to various experiments in public housing, Sáenz de Oíza seemed to consider that in the design for Ciudad Blanca in Alcudia (1962-1963) that the implementation of a holiday village wasn't that distant from the policies of massive rehousing, since it was a question of providing accommodation for a new population that was to establish itself on an unoccupied territory.

Of the ambitious initial programme that visualised various apartment blocks and a hotel tower block, only the block nearest the sea got built: a building with a skewed layout in plan and a stepped profile in section. The kink establishes units of four floors with the same orientation towards the beach, with, on each of its floors, an apartment one accesses to via a spiral staircase that goes from the street and traverses the rear of the building. In a clear allusion to certain of Jørn Utzon's communal housing projects, the floor of the apartment is stepped in a descending form—Sáenz de Oíza called it a movement to match the vision up with the horizon line—before ending in the generous roof terrace.

In fact given its use the roof terrace is a feature basic to a holiday apartment and also a generator of the shape of the building per se.[1] Each roof terrace was to guarantee the optimum

[1] Una de las "hipótesis sobre la génesis de la forma", según Federico Climent. Muchas de sus interpretaciones sobre Alcudia son las que aquí aparecen, fundamentalmente a través de su libro: CLIMENT, FEDERICO, *F. J. Sáenz de Oíza. Mallorca. 1960-2000*, Govern Balear, Palma de Mallorca, 2001.

[1] One of the "hypotheses on the genesis of form," according to Federico Climent. Many of his interpretations of Alcudia are the ones appearing here, basically through his book: CLIMENT, FEDERICO, *F. J. Sáenz de Oíza. Mallorca. 1960-2000*, Govern Balear, Palma de Mallorca, 2001.

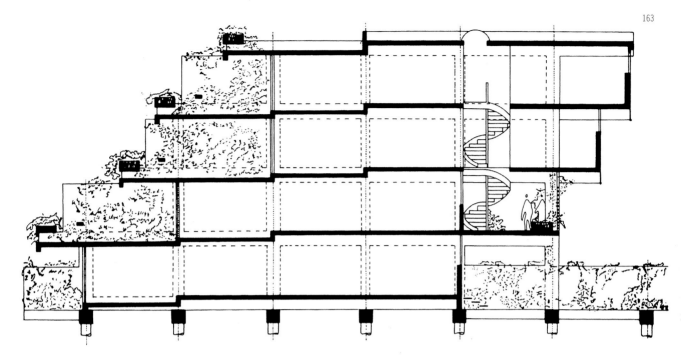

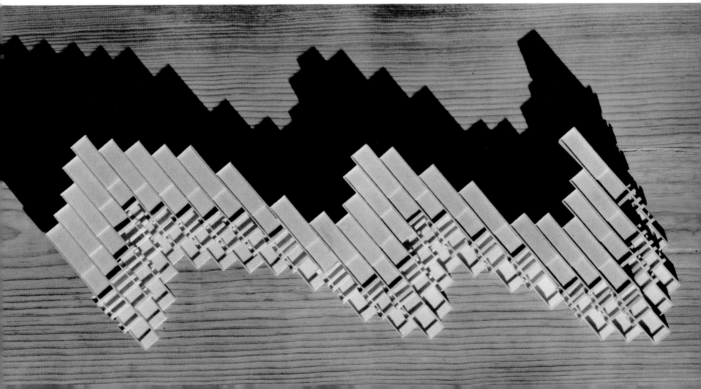

rantizar las condiciones óptimas de orientación, ventilación, asoleo y, sobre todo, el máximo nivel de intimidad, asegurado por el retranqueo horizontal entre unidades —no se ve ni oye al vecino que está demasiado lejos— y la situación y dimensión de las jardineras que las separan en vertical. Por su profundidad, estas jardineras impiden la vista hacia abajo o hacia arriba, y por su masa constructiva actúan de colchón acústico. Constituyen también la base formal para la articulación plástica del conjunto.

conditions of orientation, ventilation, insolation and, above all, the maximum degree of intimacy, assured by the horizontal stagger between units—one neither hears nor sees one's neighbour, who is too far away—and the situation and size of the planters that separate them in a vertical position. Because of their depth these planters impede the downward or upward view, and due to their constructional mass they act as a sound cushion. They also form the formal basis for the visual articulation of the whole.

TADAO ANDO, VIVIENDAS ROKKO I (1983) Y ROKKO II (1993), KOBE, JAPÓN

Si el escalonamiento de las terrazas del proyecto de Alcudia es el resultado de la lógica interna del proyecto, no puede decirse lo mismo del proyecto de viviendas del Monte Rokko, en Kobe, de Tadao Ando. Aunque en la primera fase se necesitaron considerables desmontes sobre la ladera de roca, el aterrazamiento de Kobbe es en buena parte fruto de su topografía. No obstante, y al igual que el proyecto de Alcudia, el edificio se organiza alrededor de una calle interior de servicio para las viviendas que sube por la pendiente y forma plazas intermedias. De formatos y tamaños muy diferentes, las viviendas se maclan en planta y altura formando un conjunto homogéneo visualmente. Todas ellas tienen como denominador común las zonas comunes que dan sobre la terraza, que se asienta normalmente sobre la cubierta del apartamento inmediatamente inferior. Al igual que las plazas públicas, todas las terrazas están orientadas hacia el mar y la bahía de Osaka, y transmiten la clara intención del arquitecto de volcar la vida hacia el exterior. En sus fases sucesivas, el proyecto del Monte Rokko ha seguido manteniendo estos mismos elementos comunes, aunque han ido introduciendo algunas variaciones. Las cubiertas de los edificios más bajos de la segunda fase han dejado de ser transitables y se han convertido en jardines ornamentales de herbáceas.

TADAO ANDO, ROKKO APARTMENTS I (1983) AND ROKKO APARTMENTS II (1993), KOBE, JAPAN

If the staggering of the terrace roofs in the Alcudia project is the outcome of the latter's internal logic, the same cannot be said of the Mount Rokko housing project in Kobe by Tadao Ando. Although in the first phase considerable levelling work was needed on the rock face, the terracing of Kobbe is in large part due to its topography. Having said that, and like the project in Alcudia, the building is organised around an interior service street for the apartments which rises with the slope and forms intermediary piazzas. Very diverse in format and size, the apartments are mixed in layout and height, forming a visually homogeneous whole. All have as a common denominator the communal areas that look out over the terrace, which is normally located on the roof of the apartment immediately below. Just like all the public piazzas, all the terraces face the sea and the Osaka Bay, and communicate the clear intention of the architect to have life look outwards. In its successive phases the Mount Rokko project has gone on maintaining these same common elements, although a few variations have been gradually introduced. The roofs of the lowest buildings of the second phase have ceased to be usable and have become ornamental herbaceous gardens.

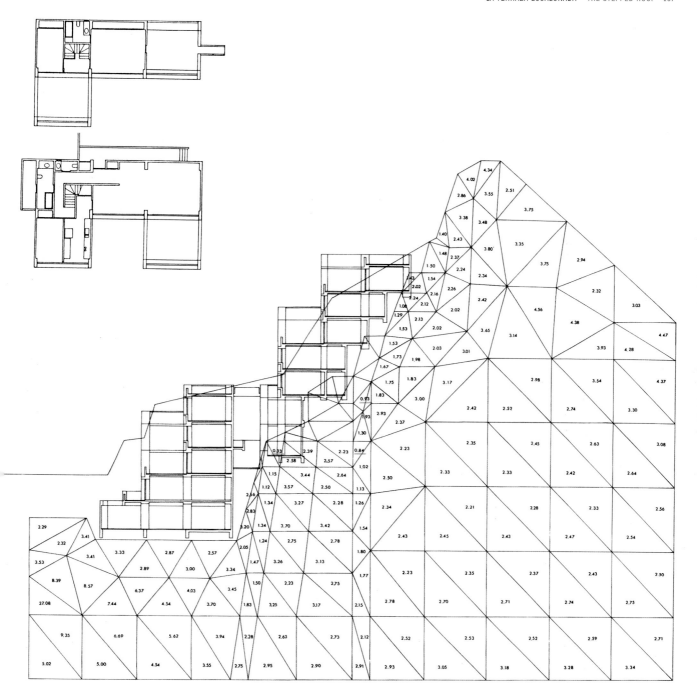

LA CUBIERTA-ZÓCALO

THE PLATFORM ROOF

GIANCARLO DE CARLO, COLEGIOS MAYORES UNIVERSITARIOS, URBINO, ITALIA, 1962-1983

El encargo que recibió Giancarlo De Carlo para varios colegios mayores en Urbino dura más de veinte años (1962-1983), con variaciones y mejoras sobre un mismo tema y en un mismo lugar. Arquitecto fundador del Team X y, como tal, voz cantante de un serio revisionismo de las estrecheces conceptuales de la modernidad, De Carlo tuvo ocasión de aplicar las nuevas ideas, orgánicas en lo plástico y participativas en lo social, a numerosos proyectos de vivienda y a sus cuatro colegios mayores: Tridente, Aquilone, Vela y Colle. Todos los colegios partían de parecidas necesidades programáticas: albergar a los estudiantes de la universidad local en centros que permitieran tanto una intensa actividad colectiva como una cierta privacidad en las zonas de descanso o estudio. Del mismo modo, las condiciones del lugar son similares: los edificios tenían que asentarse sobre solares en lo alto de laderas a las afueras de la ciudad. Estos puntos de partida comunes llevaron a De Carlo a plantear un esquema conceptual válido para los cuatro colegios. En lo alto de la loma, en un llano, se ubica el edificio principal monolítico que contiene la mayoría de los espacios comunes —salas de asambleas, refectorios, bibliotecas, etc.—; por la ladera se despliegan las alas de las habitaciones, que seguirán un trazado y una geometría diferente en cada caso en función siempre del grado de inclinación de la pendiente. Esta aceptación

GIANCARLO DE CARLO, STUDENT HALLS OF RESIDENCE, URBINO, ITALY, 1962-1983

The assignment Giancarlo De Carlo received for various halls of residence in Urbino lasted for more than twenty years (1962-1983), with variations and improvements on a single theme and in the one place. A founding architect of Team X and, as such, a leading voice in a serious revision of the conceptual rigidities of Modernism, De Carlo had occasion to apply the new ideas, organic in visual terms and participatory in social ones, to numerous designs for housing and to its four halls of residence: Tridente, Aquilone, Vela and Colle. All the colleges proceed from similar programmatic needs: to accommodate local university students in centres that allow for both an intense communal activity and a certain privacy in the relaxation and study areas. Likewise, the conditions of the location are similar: the buildings had to be on land high up on hillsides on the outskirts of the town. The common starting points led De Carlo to propose a conceptual schema valid for the four halls of residence. Located on top of the ridge, on flat ground, is the monolithic main building, which contains most of the communal spaces—assembly rooms, refectories, libraries, etcetera—with, stretching out down the hillside, the wings with the private rooms, which will follow a different layout and geometry in each case, as per the degree of incline of the slope. This accepting of the topography as a given from which to profit will mean that all the roofs of the

de la topografía como un dato del que sacar provecho hará que todas las cubiertas de los colegios sean transitables en mayor o menor grado.

Es así como, para la pendiente más pronunciada, De Carlo opta por tres dedos que se juntan en el edificio común (colegio del Tridente), cada uno de los cuales se subdivide en módulos cúbicos que albergan las habitaciones en dos plantas. Las cubiertas están a disposición de los usuarios de cada módulo y de la comunidad, pues todas se comunican por una escalera que, a modo de espina dorsal, las recorre axialmente. En la pendiente más suave (colegio de la Vela), los bloques de habitaciones se disponen paralelos al valle, y sus cubiertas, en este caso ajardinadas, están próximas entre sí, lo que permite una conexión física y, sobre todo, la posibilidad de un contacto visual y acústico para los usuarios. Pero el caso más complejo e interesante lo forma el colegio del Aquilone, cuyo ala de habitaciones se deja caer de forma más tortuosa por una pendiente irregular; un ala que ya no mira al valle más que de soslayo y cuyas azoteas ya no se escalonan ordenadamente. Por el eje y junto al lucernario que ilumina el pasillo de servicio de las habitaciones, corre sesgadamente un paseo peatonal, desde el que numerosas escaleras dan servicio a unas terrazas que no son privadas, sino que constituyen una cubierta general y fragmentada, una especie de "gran zócalo esculpido"[1] respecto al volumen del edificio comunitario del colegio.

halls of residence are transitable to a greater or lesser degree.

This is how, for the most pronounced slope, De Carlo opts for three fingers that join up in the common building (Trident Hall of Residence), each one of which is subdivided in cubic modules that shelter the private rooms on two floors. The roofs are at the disposition of the users of each module and of the community, since all intercommunicate by a stairway that, like a backbone, traverses them axially. On the gentlest slope (Vela College), the blocks of private rooms are set out parallel to the valley, and their roofs, in this instance landscaped, are close to each other, which allows for physical connection and, above all, the possibility of visual and acoustic contact for the users. The most complex and interesting case, however, is Aquilone College, whose wing of private rooms is allowed to tumble in a more tortuous form down an irregular slope; a wing that doesn't look towards the valley any more, except on the slant, and whose flat roofs are no longer stepped in an orderly way. Running obliquely along the axis and next to the skylight which illuminates the service corridor of the rooms is a pedestrian walkway from which numerous stairways service a series of terraces that are not private but which constitute a general, fragmented roof, a sort of "great sculpted podium"[1] in relation to the volume of the college's communal building.

1 RAMOS, FERNANDO, "Pequeña historia de urgencia de la cubierta plana", en *Tectónica*, 6, septiembre-diciembre de 1997, pág. 7.

1 RAMOS, FERNANDO, "Pequeña historia de urgencia de la cubierta plana", *Tectónica*, 6, September-December 1997, p. 7.

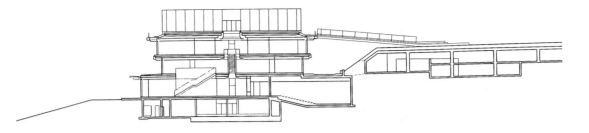

PATRICK BERGER, SEDE DE LA UEFA, NYON, SUIZA, 1999

Un argumento, el de la cubierta como zócalo, repetitivo en la historia reciente y cuyo testigo han retomado algunas arquitecturas contemporáneas. Así se podría clasificar la gran plataforma que remata el cuerpo bajo del edificio proyectado por Patrick Berger para albergar las oficinas de la UEFA al borde del lago Lemán, en Suiza. La plataforma de piedra arenisca cubre el cuerpo principal de oficinas que queda camuflado por el talud que baja desde la carretera: en ella se abre incluso un lucernario longitudinal que, similar al del colegio del Aquilone de Giancarlo de Carlo, ilumina las tres plantas semienterradas. Pero a la vez, este plano de 82 m de longitud se convierte en el suelo de los dos cuerpos prismáticos que emergen a los lados, cuyos ocupantes pueden utilizarlo como un mirador privilegiado sobre el espectacular paisaje alpino, así como en una primera línea de horizonte de los que transitan por la carretera; un zócalo, al fin y al cabo, que ya no está tallado, sino que es limpio y horizontal.

PATRICK BERGER, UEFA HEADQUARTERS, NYON, SWITZERLAND, 1999

A repetitive argument, that of the roof as podium, in recent history and whose baton certain contemporary architects have picked up once again. This is how one could classify the great platform that crowns the low body of the building designed by Patrick Berger to house the offices of UEFA beside Lake Léman in Switzerland. The sandstone platform covers the main body of offices which remains camouflaged by the embankment that descends from the road: in this platform there is even a longitudinal skylight that, similar to the one in Giancarlo de Carlo's Aquilone College, illuminates the three semi-buried floors below. In turn, however, this 82-metre-long plane is converted into the ground surface of the two prismatic bodies which emerge at the sides, whose occupants can use it as a privileged viewing platform over the spectacular Alpine landscape, as well as in a near horizon line for those who drive along the road; a podium, at the end of the day, which is no longer sculpted but clean and horizontal.

LA CUBIERTA-ZÓCALO   THE PLATFORM ROOF   175

EL ÁTICO

THE PENTHOUSE

PAUL RUDOLPH, ÁTICO, NUEVA YORK, EE UU, 1973

Considerando la carestía y la escasez de suelo en Manhattan, no es de extrañar que muchas nuevas construcciones hayan tomado como solar las azoteas de los edificios existentes. A esta altura, las normativas son más tolerantes, tanto volumétrica como formalmente y han sido muchos los arquitectos que han llevado a cabo allí sus más atrevidos experimentos. Paul Rudolph construyó su propio apartamento en lo alto de un edificio de un siglo de antigüedad en Beekman Place, en el corazón de la isla de Manhattan en 1973. Abordó un ejercicio comedido en el que su investigación se dividió en dos campos opuestos: un ensayo estilístico que giraba en torno a la relación con el edificio existente, y un ejercicio tipológico que experimentaba con las soluciones innovadoras que podía aportar esta privilegiada posición en altura.

Geométricamente, se rompe con la continuidad vertical marcada por los paños de la construcción existente, pues una de las fachadas se retranquea unos metros mientras que la otra vuela sobre la línea de la cornisa. Rudolph altera el material empleado en el revestimiento no en su origen (ladrillo en ambos casos), sino en su color y tamaño: rojizo y tosco el antiguo, más claro y aplantillado el nuevo. A su vez, mantiene las reglas compositivas básicas pero cambia su geometría: la clásica y regular fenestración de los viejos muros contrasta con las

PAUL RUDOLPH, PENTHOUSE, NEW YORK, USA, 1973

Considering the high cost and scarcity of land in Manhattan it's not surprising that many new structures have taken the flat roofs of existing buildings as their ground. At this height the regulations are more tolerant, both volumetrically and formally, and there have been many architects who have carried out their most daring experiments there. In 1973 Paul Rudolph built his own apartment on top of a century-old building in Beekman Place, in the heart of Manhattan. He undertook a restrained intervention in which his investigation was divided into two opposed camps: a stylistic experiment which gravitated around the relationship with the existing building; and a typological exercise that experimented with the innovatory solutions that this privileged position on high might furnish.

Geometrically speaking, one breaks with the vertical continuity marked by the structure's existing wall panels, since one of the facades is set back a few metres, while the other flies above the line of the cornice. Rudolph alters the material employed in the facing, not in its origin (brick in both instances) but in its colour and size: rough and reddish the old one; lighter and gauded the new. In turn he keeps to the basic compositional rules but changes their geometry: the classic, regular fenestration of the old walls contrasts with the narrow, vertical

hendiduras verticales y estrechas de la nueva construcción. Volumen, material y composición se distorsionan para marcar la distancia entre ambas arquitecturas, sin que por ello sea necesario romper los vínculos que hacen del conjunto una única unidad arquitectónica.

La vivienda se organiza alrededor de un gran vacío interior, en torno al cual se sitúan los espacios de estancia y desde donde se accede a las diferentes habitaciones. Al construir sobre la cubierta se puede gozar de las cuatro orientaciones. Rudolph distingue bien entre las más expuestas —al norte, a la intromisión visual—, que se cierran con los muros de ladrillo, y las más abiertas al aire libre y a las vistas, donde se construye una doble fachada con una estructura tubular de acero y cables para plantas trepadoras. En el intersticio queda lo que Rudolph ha calificado como un espacio-colchón, un lugar en que prolongar la vivienda hacia el exterior pero que queda protegido del sol en los días calurosos gracias al tamiz de la vegetación.

fissures of the new structure. Volume, material and composition are distorted in order to mark the distance between both architectures, without it being necessary, for all that, to sever the connections that make a single architectonic unit out of the whole.

The apartment is organised around a huge interior void, around which the living spaces are organised and from where one accedes to the various rooms. In building on the roof one can enjoy all four directions. Rudolph distinguishes between the most exposed—to the north, to visual interference—which are closed off with the brick walls, and those most open to the air and the views, where a double facade is built with a tubular steel structure and cables for climbing plants. In the gap there is what Rudolph has called a cushion-space, a place in which to prolong the apartment outwards, yet one which remains protected from the sun on hot days thanks to the filter of the vegetation.

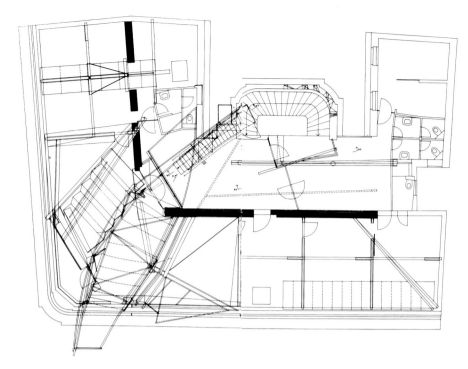

COOP HIMMELB(L)AU, ÁTICO, VIENA, AUSTRIA, 1983-1988

También en Viena, Coop Himmelb(l)au reconvierte un ático para albergar una sala de conferencias sobre un edificio decimonónico. Al trasladar su espacio más noble a la cubierta, el cliente, un bufete de abogados, convierte el ático en la nueva planta noble. Himmelb(l)au no añade ningún cuerpo, sino que implosiona lo preexistente de forma geométrica y funcional. Se revienta y levanta el viejo faldón de madera donde hace falta más luz o aire, se ensalza la antigua línea de limatesa —y con ello la esquina del edificio y del bajocubierta como el espacio más representativo—, mediante la construcción de una estructura que da luz a la nueva sala de juntas. Si bien se conservan vestigios de la forma, material y accesorios de la antigua cubierta inclinada, la ruptura con el lenguaje clásico y el volumen monolítico del edificio es radical, sin que quede voluntad de diálogo entre ambas arquitecturas.

COOP HIMMELB(L)AU, PENTHOUSE, VIENNA, AUSTRIA, 1983-1988

Also in Vienna, Coop Himmelb(l)au convert an attic in order to house a conference room on top of a 19th-century building. By shifting its main space to the roof, the client, a lawyers' practice, converts the attic into a new first floor. Himmelb(l)au adds no new body but implodes the pre-existing one into a functional geometrical form. The old wooden side of the roof is split and raised where more light or air is needed, the former hip-rafter line is enhanced—and with it the corner of the building and of the attic as the most representative space—by means of the building of a structure which gives light to the new meeting room. Even though vestiges of the form, material and accessories are preserved of the old sloping roof, the break with the classical language and monolithic volume of the building is radical, without there remaining a wish for dialogue between both architectures.

RÜDIGER LAINER, ÁTICO, VIENA, AUSTRIA, 1994-1995

La carga histórica que conlleva el entorno consolidado de la ciudad europea complica el ya de por sí difícil ejercicio de construir sobre lo construido. Rüdiger Lainer levanta dos nuevas plantas sobre un edificio del siglo XIX en el centro de Viena. Se trataba de encajar un programa de cinco estudios-oficinas dispuestas en paralelo y en dúplex con un retranqueo en sección que responde a una imposición de gálibo. Resuelta la distribución e impuesta la volumetría, el verdadero éxito de la intervención reside en la resolución del cerramiento: las fachadas a la calle y al patio son totalmente de vidrio, y permiten una máxima iluminación e incluso la posibilidad de ver a través del edificio. Una cubierta plana de cinc introduce la calidad de un material noble de remate. Finalmente, cada estudio se abre a un pequeño balcón mediante unas gruesas puertas de madera maciza, que actúan como perfecto contrapunto a la transparencia del conjunto y articulan compositivamente la imagen final con su distribución irregular.

RÜDIGER LAINER, PENTHOUSE, VIENNA, AUSTRIA, 1994-1995

The historical burden the consolidated environment of the European city bears complicates the inherently difficult exercise of building on top of the built. Rüdiger Lainer erects two new floors on a 19th-century building in the centre of Vienna. It was a question of matching a programme for five parallel, split-level office-studios with a setback in section that goes with an imposed outline. The distribution resolved and the volumetry respected, the real success of the intervention resides in the resolution of the outer walls: the facades facing the street and the courtyard are totally of glass and they allow for maximum illumination and even the possibility of seeing through the building. A flat roof of zinc introduces the quality of a fine roofing material. Lastly, each studio opens onto a small balcony via thick doors of stout wood, which act as a perfect counterpoint to the transparency of the whole and compositionally articulate the final image with its irregular distribution.

EL CAMPO DE JUEGO

THE PLAYGROUND

MBM, ESCUELA PINEDA, BARCELONA, ESPAÑA, 1969

Si la escuela racionalista europea de la década de 1920 se estructuraba según consideraciones funcionales y de estándares higiénicos, el siguiente paso en la arquitectura escolar se daba en Gran Bretaña en la década de 1950. Siguiendo los postulados de la pedagogía activa, se restaba importancia a la sacrosanta unidad-aula y la actividad escolar se centraba en los espacios comunitarios que constituyeron el soporte real de la nueva educación.

MBM se declaran en la memoria del proyecto (1969) legítimos herederos de esta concepción del edificio escolar. Organizan la planta en torno a un gran espacio central iluminado cenitalmente, que acoge todas las actividades comunes —lectivas y recreativas— donde el niño puede hacerse partícipe y autor de su propia enseñanza. Con una planta amorfa que le confieren tanto las cualidades del foro como las del espacio doméstico, alrededor de dicho espacio se ubican las unidades-aulas, iluminadas desde el exterior y con acceso central.

Al igual que en la década de 1920 y como siguieron defendiendo los proyectos tardíos de Giuseppe Terragni y los ya mencionados en Gran Bretaña, la arquitectura escolar de la década de 1970 otorga una considerable importancia a los espacios exteriores, a veces lectivos, pero aquí fundamentalmente lúdicos. Aparte del tradicional patio de juegos entre el edificio y la calle, la

MBM, PINEDA SCHOOL, BARCELONA, SPAIN, 1969

If the European rationalist school building of the 1920s was structured according to functional considerations and hygienic standards, the next step in school architecture was taken in Britain in the 1950s. As per the ideas of active teaching, little importance was given to the sacrosanct classroom-unit and school activity was centred in the communal spaces that constituted the real support of the new education.

In the project description MBM (1969) declare themselves to be the legitimate heirs of this conception of the school building. They organise the ground plan around a huge, overhead-lit central space, which accommodates all the activities —teaching and recreational—in which the child may become participant and originator of his own education. With an amorphous layout which the qualities of a forum and those of a domestic space give to it, the classroom-units, illuminated from the outside and wich central access, are located around said space.

Just as in the 1920s, and as the later projects of Giuseppe Terragni and those in Britain mentioned above went on upholding, school architecture in the 1970s grants considerable importance to exterior spaces, at times for teaching, but here basically for play. Apart from the traditional playground between building and street, the Pineda School fills its rooftops

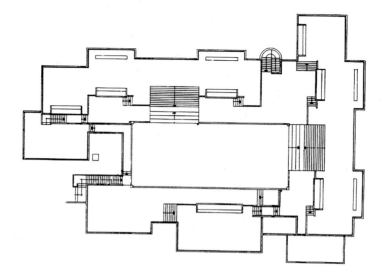

escuela de Pineda ocupa sus cubiertas con actividades recreativas en azoteas que no ofrecen un plano homogéneo y fácilmente practicable, sino que se descomponen en una sucesión de escaleras, plataformas intermedias y rincones que responden a las necesidades volumétricas de los espacios que cubren. Podría decirse que las cubiertas son un molde invertido de los techos de los espacios interiores. Así, las escaleras suben por las rendijas que dejan los pasillos en planta, las terrazas de juego están a la altura que requiere cada aula y, lo más importante, la pista polideportiva central, que se sitúa sobre la cubierta del espacio común, se levanta medio metro para permitir su iluminación cenital. Cuenta con una escalinata ligera de acero para acceder a la pista central, un puente bajo el que jugar y un graderío para ver las competiciones.

with recreational activities on flat roofs that don't offer a homogeneous and readily practicable plane but are broken down into stairways, intermediary platforms and corners which respond to the volumetric needs of the spaces they roof over. It could be said that roofs are an inverted cast of the ceilings of the interior spaces. Thus, the stairs ascend through the crevices the passageway leave in plan, the terraces for playing on are at the height each classroom requires and, most important of all, the central sports track, which is situated on the roof of the common space, is raised half a metre to permit its overhead lighting. It has lightweight steel steps to get to the central track, a low bridge between which to play and tiered seating to see the competitions.

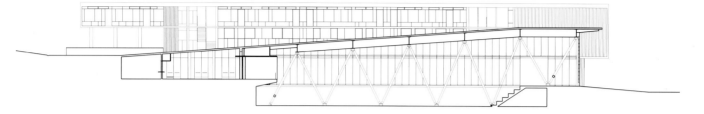

MATHIAS KLOTZ, COLEGIO ALTAMIRA, SANTIAGO DE CHILE, CHILE, 1999-2000

Pero ¿qué ocurre cuando un solar neutro y plano, como el caso de la escuela de MBM, se convierte en un lugar con unos claros condicionantes topográficos y paisajísticos? A este problema adicional se enfrenta Mathias Klotz en el colegio Altamira, situado en un suburbio de Santiago de Chile, a las faldas de la cordillera andina. La escuela contemplaba un programa lectivo y debía servir también como centro cívico de barrio. El edificio se divide en dos prismas abiertos hacia la montaña que albergan las aulas y en un polideportivo central con accesos desde las aulas y desde la calle. El uso escolar y el comunitario se solapan en el polideportivo, pero, en cambio, en la cubierta de la pista polideportiva existe una clara barrera espacial entre ambas funciones. A contrapendiente de la ladera, el nuevo plano de juegos actúa como una continuación de los espacios exteriores a nivel del suelo del colegio y, a la vez, como un elemento direccional que lo dirige hacia el imponente paisaje de los Andes, aislándose del trajín de la calle.

MATHIAS KLOTZ, ALTAMIRA SCHOOL, SANTIAGO, CHILE, 1999-2000

But what happens when a neutral, flat site, as in the case of the MBM school, becomes a location with clear topographical and landscaping constraints? Mathias Klotz confronts this additional problem in Altamira School in a suburb of Santiago de Chile, at the foot of the Andes. The school contemplated a teaching programme and was also to serve as a neighbourhood civic centre. The building is divided into two prisms open towards the mountains, prisms which house the classrooms and a central sports hall with access from the classrooms and the street. School and community use overlap with each other in the sports hall, but instead a clear spatial barrier exists on the roof of the former between the two functions. In counterslope to the hillside, the new games plane acts as a continuation of the exterior spaces at ground level of the school, and at the same time as a directional element focussing towards the imposing landscape of the Andes, cutting itself off from the bustle of the street.

LA CUBIERTA URBANA

THE URBAN ROOF

HAUS-RUCKER INC., ROOFTOP OASIS PROJECT, NUEVA YORK, EE UU, 1976

Los estudios llevados a cabo durante varios años por Haus-Rucker Inc. —delegación neoyorquina del colectivo de Düsseldorf Haus-Rucker Co.— sobre el potencial de los campos de cubiertas de Manhattan, tuvo como fruto la elaboración del Rooftop Oasis Project (1976), una serie de propuestas cuyo denominador común era el aprovechamiento de la cubierta en el ámbito urbano.

En cierto sentido, Rooftop Oasis Project es una continuación de las propuestas de Haus-Rucker Co. para Pneumacosm, un proyecto que pretendía cubrir las azoteas mediante globos inflables de PVC (sin duda, una idea heredera de las cúpulas geodésicas de R. Buckminster Fuller, salvando la diferencia de escala). Si bien es cierto que en los primeros esbozos de Rooftop Oasis la creación de un microclima era un elemento fundamental, pronto la propuesta se centró más en la recreación, tanto en la flora como en el hábitat, del estado real de las azoteas de Manhattan. Sobre ellas se propone, bajo un prisma de una premeditada ingenuidad, la construcción de edificios de gran escala, desde centros comerciales y sociales a hoteles, así como auténticas calles e itinerarios en altura. Todo ello aparece teñido de una argumentación socioeconómica muy propia de la época, que les lleva a afirmar que, "aunque reciclar el espacio de las azoteas no es la cura a todos lo males ur-

HAUS-RUCKER INC., ROOFTOP OASIS PROJECT, NEW YORK, USA, 1976

The studies made over a period of years by Haus-Rucker Inc.—the New York branch of the Düsseldorf collective Haus-Rucker Co.—of the potential of the Manhattan rooftops gave rise to the elaboration of the Rooftop Oasis Project (1976), a series of proposals whose common denominator was the optimisation of the rooftop in the urban sphere.

Up to a point the Rooftop Oasis Project is a continuation of the Haus-Rucker Co.'s proposals for Pneumacosm, a project that set out to cover over the flat roofs by means of inflatable balloons of PVC (undoubtedly an idea inherited from R. Buckminster Fuller's geodesic domes, notwithstanding the difference in scale). Even though it is true that in the first sketches for Rooftop Oasis the creation of a microclimate was a basic feature, the scheme soon concentrated more on the recreating, both in the flora and the habitat, of the real state of Manhattan's flat roofs. With calculated naivety the construction is proposed on top of the latter of large-scale buildings, from shopping and community centres to hotels, along with genuine high-rise streets and itineraries. All this comes tinged with a socio-economic line of argument very typical of the period, which causes them to state that, "while recycled rooftop space is not the urban cure-all, a marriage of the city's cultural, recre-

banos, el hecho de vincular las necesidades de ocio, educación o empresariales con un nuevo entendimiento de la cubierta urbana tiene un futuro más grande del que nadie puede predecir. El desarrollo de los campos de cubierta puede crear nuevos trabajos y profesiones; puede crear nuevos ingresos para la ciudad y/o la gran empresa; finalmente, puede actuar como incentivo para mantener el vínculo real y sentimental entre la gente y sus centros urbanos".[1]

ational, educational, and business resources with a new approach to rooftop use has a future far greater than anyone can predict. Comprehensive rooftop development can create new jobs and professions; it can generate revenue for the city and/or private enterprise; and it can create incentives to keep people in the city and lure back expatriots."[1]

[1] Citado en BUSCH, AKIKO, *Rooftop Architecture. The Art of Going Through the Roof*, Henry Holt & Co., Nueva York, 1991, pág. 1.

[1] Quoted in BUSCH, AKIKO, *Rooftop Architecture. The Art of Going Through the Roof*, Henry Holt & Co., New York, 1991, p. 1.

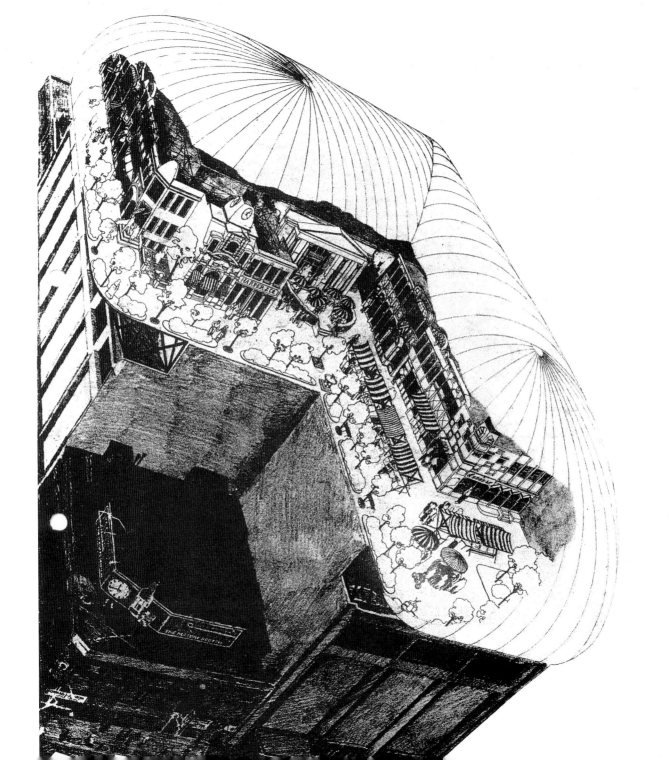

FOA, TERMINAL MARÍTIMA DE YOKOHAMA, JAPÓN, 1995-2002

Nacida como se vio con los funcionalistas de principios de siglo, y continuada por los utópicos de la década de 1970, la idea de transformar la cubierta en suelo urbano y soporte de la eventual nueva ciudad sigue en plena vigencia gracias, fundamentalmente, a la arquitectura contemporánea de influencia holandesa.

La terminal marítima de Yokohama construida por Foreign Office Architects en 2002 es una buena muestra de ello. En este caso se actúa sobre la topografía y el entramado urbano de la ciudad portuaria: la terminal marítima se presenta como una continuación de esa trama urbana al engullir los flujos urbanos y al crear un espacio especular del parque marítimo existente. Frente a la cartesiana división de los flujos por parte de los funcionalistas —tanto en planta como en sección: túneles, calles y pasarelas—, el proyecto de Yokohama entremezcla la circulación de peatones y vehículos con el acceso a los transbordadores gracias a una topografía movediza, en que la cubierta y el suelo se entrelazan y se encuentran en sucesivos pliegues. Entre los intersticios surgen lugares de encuentro —anfiteatros que aprovechan la topografía— y sinuosas rutas para pasear o patinar, delimitados por elementos de mobiliario urbano —barandillas de vidrio, luminarias, zonas de césped—, manejados aquí con un lenguaje próximo al *land art*, elementos que conforman la verdadera imagen del edificio y su única fachada.

FOA, INTERNATIONAL PORT TERMINAL, YOKOHAMA, JAPAN, 1995-2002

Originating, as we saw, with the functionalists of the beginning of the century, and carried on by the utopians of the 1970s, the idea of transforming the roof into urban ground and a support of the eventual new city continues in full force today thanks, fundamentally, to Dutch-influenced architecture.

The Yokohama Port Terminal built by Foreign Office Architects in 2002 is a good example of this. In this instance the authors act on the topography and the urban network of the port city: the port terminal is presented as a continuation of that urban weave by gulping down the urban flows and creating a space mirroring the existing marine park. In contrast to the Cartesian division of the flows by the functionalists—both in plan and section: tunnels, streets and footbridges—the Yokohama design intermingles the circulation of pedestrian and vehicles with the means of access to the ferries thanks to a movable topography in which roof and ground entwine and meet in successive folds. In among the interstices meeting places appear—amphitheatres that make use of the topography—and winding routes for strolling or skating, delimited by elements of street furniture—glass balustrades, lighting, areas of lawn—handled here with a language close to Land Art, elements that shape the true image of the building and its unique facade.

1

MAESTERNBROEK & VAN GAMEREN, VIVIENDAS, NIJMEGEN, HOLANDA, 1997

Con más ortodoxia actúan los arquitectos holandeses Dick van Gameren y Bjarne Mastenbroek en su proyecto de un edificio de viviendas en Nijmegen, Holanda. No obstante, existe una disonancia, o aproximación al lenguaje urbano, que asemeja en cierto sentido su cubierta a la de Haus-Rucker y FOA.

El proyecto resultó ganador de la segunda edición del concurso para jóvenes arquitectos Europan (1994). Felizmente llevado a cabo, el bloque de apartamentos alberga en su cubierta el aparcamiento, en una clara inversión de la lógica funcional y constructiva. Según los autores, la intención era liberar al máximo una planta baja lo más transparente posible para conectar la calle con el patio de manzana y, a la vez, reducir los elevados costes de una complicada excavación. El aparcamiento, con acceso desde un ascensor en uno de los laterales de la fachada, se comporta estructural y constructivamente como una plataforma flotante, con una estructura independiente de hormigón que transmite las cargas directamente al suelo, lo que evita cualquier interferencia sonora a los vecinos de los pisos superiores. La atractiva idea de invertir los conceptos tradicionales de calle y cubierta en este caso ha tenido éxito, pues no ha comportado ningún impacto visual en un entorno urbano delicado.

MAESTERNBROEK & VAN GAMEREN, APARTMENTS, NIJMEGEN, NETHERLANDS, 1997

The Dutch architects Dick van Gameren and Bjarne Mastenbroek act more orthodoxically in their project for an apartment building in Nijmegen, Holland. Nevertheless, a dissonance, or approximation to urban language, exists which makes their roof similar in a sense to Haus-Rucker's and FOA's.

The project gained first prize in the second edition of the Europan Competition for Young Architects (1994). Happily carried out, the apartment block accommodates the parking area on its roof in a clear inversion of functional and constructional logic. According to the authors, the intention was to truly open up the most transparent possible kind of ground floor so as to connect the street to the city-block courtyard and to reduce the very high costs of a complicated excavation at the same. The parking lot, with access from an elevator in one of the sides of the facade, behaves structurally and constructionally as a floating platform, with an independent structure of concrete that transmits the loads directly to the ground, something which avoids any sound interference for the inhabitants of the upper floors. The attractive idea of inverting traditional concepts of street and roof has been successful, because it hasn't led to any visual impact on a delicate urban environment.

LA CUBIERTA URBANA   THE URBAN ROOF   197

LA CUBIERTA COMO OBRA DE ARTE   THE ROOF AS A WORK OF ART

DAN GRAHAM, INSTALACIÓN EN UNA AZOTEA, NUEVA YORK, EE UU, 1991
Muy atento a los juegos de reflejos y transparencias ha estado también el artista Dan Graham al instalar, sobre la azotea del Dia Center for the Arts, en el Soho, el *Cilindro de dos caras dentro de un cubo*. Graham insiste en asimilar su instalación a un verdadero parque urbano, aunque para nosotros la experiencia de pasear dentro y fuera del espacio que acotan el cubo y el cilindro se parece más a la recreación al aire libre de un pequeño espacio doméstico, con todo el gradiente, gracias a las paredes de vidrio semirreflectante, que va de lo privado a lo público; algo similar, por qué no, a un ático Beistegui contemporáneo.

DAN GRAHAM, INSTALLATION ON A FLAT ROOF, NEW YORK, USA, 1991
The artist Dan Graham has also been highly attentive to the play of reflections and transparencies when installing, on the flat roof of the Dia Center for the Arts in SoHo, his *Two-Way Mirror Cylinder Inside A Cube*. Graham insists on likening his installation to a genuine urban park, although for us the experience of strolling inside and outside the space which delimits the cube and the cylinder is more like the re-creation in the open air of a small domestic space with, thanks to the walls of two-way mirror, every gradation from the private to the public; something akin, indeed, to a contemporary Beistegui penthouse.

RACHEL WHITEREAD, *LOOKING UP*, NUEVA YORK, EE UU, 2002

Los depósitos de agua que actualmente pueblan las azoteas de algunos barrios de Manhattan, especialmente del Soho, y que garantizaban la presión de agua a los edificios de siete u ocho plantas, hace tiempo que han perdido su función. A pesar de ello, han pasado a formar parte del imaginario de los neoyorquinos, además de ser casi el último vestigio de los primeros colonos que, de origen campesino rural y con métodos rudimentarios, se asentaron en la isla.

El interés constructivo de las estructuras de madera o acero que los sustentan, así como de los propios bidones, es bastante relativo. Mucho más atractivo resulta, en cambio, la percepción paisajística o conformadora de *roofscapes* de todo el conjunto. De ahí parecen partir las reiteradas políticas de protección con que las diferentes autoridades municipales los han ido salvaguardando.

Una azotea llena de residuos era difícil de recuperar para su aprovechamiento, y quizá la única manera de hacerlo era mediante la sutil transformación de estos depósitos en una instalación artística, en una sutil, aunque incompleta, manera de hacer de la azotea un espacio habitable. Impuesta la forma, el perímetro y la localización, Rachel Whiteread opta por cambiar su significado al descontextualizar el objeto, un recurso, por otro lado, muy repetido a lo largo de su obra.

RACHEL WHITEREAD, *LOOKING UP*, NEW YORK, USA, 2002

The water towers that currently populate the flat roofs in some neighbourhoods of Manhattan, especially SoHo, and which guaranteed the water pressure to buildings of seven or eight storeys, ceased to have that function some time ago. Notwithstanding this, they have gone on to form part of the imaginary of New Yorkers, as well as being almost the last vestige of the first inhabitants who, of peasant stock and with rudimentary methods, settled on the island.

The constructional interest of the wood or steel structures that support them, along with the tanks themselves, is somewhat relative. Much more attractive, on the other hand, is the landscapist or configurative perception of roofscapes as a whole. The repeated policies of protection with which the various municipal authorities have been safeguarding them seem to originate from this.

A flat roof full of debris was difficult to reclaim and use, and perhaps the way to do so was by means of the transformation of these towers into an art installation, into a subtle, albeit incomplete, way of making the flat roof an inhabitable space. With the form, perimeter and location a given, Rachel Whiteread opts to change its meaning by decontextualising the object; a device much repeated, moreover, in her work.

LA CUBIERTA COMO OBRA DE ARTE   THE ROOF AS A WORK OF ART   201

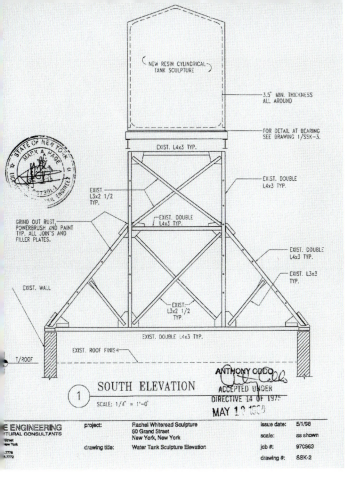

En *Looking up*, Whiteread sustituye la vieja estructura por una nueva, similar pero de acero, y el depósito por un cilindro con idéntica forma y volumen. En lugar de madera, la artista británica utiliza una gruesa pared de metacrilato, de la que cuidadosamente se había encargado de estudiar su cualidad traslúcida. El depósito de *Looking up* mantiene su forma, pero cambia totalmente su significado y se convierte en una escultura y un hito dentro del paisaje urbano. De día, el aspecto del depósito adquiere una tonalidad lechosa que difumina sus aristas, quizás en un intento de rememorar su pasada condición líquida. De noche, el metacrilato refulge con la luz que sube de la calle y, en cierto modo, se mimetiza con los tonos verdosos del atardecer.

In *Looking Up* Whiteread exchanges the old structure for a new one, similar but of steel, and the tank for a cylinder with an identical shape and volume. Instead of wood, the British artist utilises a thick wall of methacrylate resin, a translucent quality of which she had been studying for a long time. The water tower of *Looking Up* retains its shape but totally changes its meaning and turns into a sculpture and a landmark in the urban landscape. By day the water tower takes on a milky look that blurs its sharp edges, in an attempt, perhaps, to hark back to its former liquid condition. By night, the methacrylate resin glows with the light that rising from the street and partly changes colour with the greenish tones of dusk.

Bibliografía Bibliography

Como ya se ha señalado, el material bibliográfico sobre el tema tratado es escaso. Se puede vertebrar una bibliografía general con algunos volúmenes de referencia obligada sobre la tipología de la terraza (y sus derivaciones), que conviene completar con una serie de breves artículos que tratan el tema de la cubierta habitable desde un prisma global, y otros que se ocupan de temas puntuales que se han ido desarrollando. Para un conocimiento más profundo se remite al investigador a las notas intercaladas en el texto.

As has already been said, bibliographic material on the subject is scarce. A general bibliography may be put together with a few obligatory reference volumes on the typology of the terrace (and its derivatives), which it is as well to complete with a series of short articles dealing with the subject of the inhabitable roof from an overall point of view, and others which concern themselves with the particular themes we have been developing. For a deeper understanding, the researcher is referred to the notes inserted in the text.

— BELLI, Carlo *et alt.*, "Between the Building and the Sky (the Importance of Roofs in Corbusier's Work); Looking at the Terrace of the Marseille Unité d'Habitation", en *Domus,* 687, octubre de 1987.

— BUSCH, Akiko, *Rooftop Architecture. The Art of Going Through the Roof*, Henry Holt & Co., Nueva York, 1991.

— BUSSE, H. B.; WAUBKE, N. V.; GRIMME, R.; MERTINS, *Atlas Flache Dächer-Nutzbare Flächen,* Institut für internationale Architektur-Dokumentation, Múnich, 1992.

— COLLINS, Peter, *Concrete. The Vision of a New Architecture,* Faber & Faber, Londres, 1959.

— LE CORBUSIER, "Théorie du toit-jardin", en *L'Architecture Vivante*, otoño-invierno de 1927, págs. 13-18.

— CROCKER, Edward E., "Earthen Roofs. The Architecture of the Pueblo Peoples in the South Western US", en *Detail,* 40, julio-agosto de 2000.

— CROSET, Pierre-Alain, "Il tetto-giardino: 'ragione tecnica' e ideale estetico", en *Rassegna,* 8, octubre de 1981, págs. 25-38.

— DÖCKER, Richard, *Terrassentyp: Krankenhaus, Erholungsheim, Hotel, Bürohaus, Einfamilienhaus, Siedlunghaus, Miethaus, und die Stadt*, Akademischer Verlag Dr. Fritz Wedekind & Co., Stuttgart, 1929.

— GIEDION, Sigfried, *Befreites Wohnen. 86 Bilder eingeleitet von Sigfried Giedion,* Orell Füssli Verlag, Zúrich, 1929.

— GOLLWITZER, Gerda *et alt.*, *Dachflachen bewohnt, belebt, bepflantzt*, G. D. W. Callwey, Múnich, 1971.

— HOFFMANN, Ot, *Handbuch für begrünte und genutzte Dächer: Konstruktion, Gestaltung, Bauökologie,* Alexander Koch, Leinfelden, 1987.

— KÄLER, Gert, "Roofscapes", en *Daidalos,* 42, 1991, págs. 122-129.

— Loyer, François, *Paris XIXe siècle. L'Immeuble et la rue,* Fernand Hazan, París, 1987.

— Miller, Quintus, "Das Sanatorium, ein Bautyp der Moderne", en *Bauwelt*, 44, noviembre de 1992, pág. 2.490.

— Moritz, Karl, *Flachdachhandbuch*, Bauverlag, Wiesbaden/Berlín, 1961; (versión castellana: *Manual de cubiertas planas en construcción,* Editorial Blume, Madrid/Barcelona, 1969).

— Oliver, Paul (ed.), *Encyclopedia of Vernacular Architecture of the World,* Cambridge University Press, Cambridge/Nueva York/Melbourne, 1997.

— Osmundson, Theodore, *Roof Garden History. Design and Construction*, W. W. Norton & Co., Londres, Nueva York, 1999.

— Parrot, André, *La Tour de Babel,* Cahiers d'archéologie biblique, Neuchâtel, 1953; (versión castellana: *La Torre de Babel*, Garriga, Barcelona, 1962).

— Ramírez, Juan Antonio, "El transatlántico y la máquina moderna", en *El Croquis,* 25, julio de 1986, págs. 7-12.

— Ramos, Fernando, "Pequeña historia de urgencia de la cubierta plana", en *Tectónica*, 6, Madrid, 1997.

— Rosen, Laura, *Top of the City. New York's Hidden Rooftop World,* Thames & Hudson, Londres/Nueva York, 1982.

— Weiss, K.-D., "Krieg der Dächer", en *Werk, Bauen + Wohnen*, 4, 1990.

— Wirth, Thomas, "Protection and Function. Flat Roofs as Living Space", en *Detail*, 40, julio-agosto de 2000, págs. 801-805.

— Loyer, François, *Paris XIXe siècle. L'Immeuble et la rue,* Fernand Hazan, Paris, 1987; (English version: *Paris Nineteenth Century: Architecture and Urbanism*, Abbeville Press, New York, 1988).

— Miller, Quintus, "Das Sanatorium, ein Bautyp der Moderne", *Bauwelt*, 44, November 1992, p. 2490.

— Moritz, Karl, *Flachdachhandbuch*, Bauverlag, Wiesbaden/Berlin, 1961.

— Oliver, Paul (ed.), *Encyclopedia of Vernacular Architecture of the World,* Cambridge University Press, Cambridge/New York/Melbourne, 1997.

— Osmundson, Theodore, *Roof Garden History. Design and Construction*, W. W. Norton & Co., London/New York, 1999.

— Parrot, André, *La Tour de Babel,* Cahiers d'archéologie biblique, Neuchâtel, 1953.

— Ramírez, Juan Antonio, "El transatlántico y la máquina moderna", *El Croquis,* 25, July 1986, pp. 7-12.

— Ramos, Fernando, "Pequeña historia de urgencia de la cubierta plana", *Tectónica*, 6, Madrid, 1997.

— Rosen, Laura, *Top of the City: New York's Hidden Rooftop World,* Thames & Hudson, London/New York, 1982.

— Weiss, K.-D., "Krieg der Dächer", *Werk, Bauen + Wohnen*, 4, 1990.

— Wirth, Thomas, "Protection and Function. Flat Roofs as Living Space", *Detail*, 40, July-August 2000, pp. 801-805.

CRÉDITOS FOTOGRÁFICOS
PHOTO CREDITS

Biblioteca Nacional de España, Madrid, p. 13; Jeffrey Cook, p. 15 izquierda/*left*; Franz Oelmann, p. 15 derecha/*right*; Yukio Futagawa, p. 17, 151, 157, 158-159; Werner Blaser, p. 17 derecha y abajo/*right and botom*; Manuelle Roche, © Actes du Sud, 2003, p. 19, 21, 26, 30 izquierda/*left*; Museum of New Mexico, Santa Fe, p. 22, 23; Norman Carver, p. 24 izquierda/*left*; Pierre Mardaga, p. 24 derecha/*right*; © Jeremy Horner/CORBIS, p. 28; © Lindsay Hebberd/CORBIS, p. 29; Myron Goldfinger, p. 30 derecha/*right*; Robert Koldewey, p. 33; British Museum, London, p. 34; Kunsthistorisches Museum, Wien, p. 37; © 1998 Photo Scala, Florencia, p. 41 arriba/*top*; RMN © Bibliothèque de l'Institute de France, Paris, p. 42; Oberhausmuseum, Passau, p. 43; Mainfrankisches Museum, Würzburg, p. 45; Mònica Gili, p. 47; Musei Civici, Como, p. 54, 91; Glasgow University Archives, Glasgow, p. 56; © Hulton-Deutsch Collection/CORBIS, p. 57, 79 izquierda/*left*; Brigitte de Cosmi, p. 63; Archive Artedia, Paris, p. 64 arriba/*top*; Giedion Archiv. Institut für Geschichte und Theorie der Architektur, Zürich, p. 64 abajo izquierda/*bottom left*, 104; Institut Français d'Architecture, Paris, p. 64 abajo derecha/*bottom right*; Archivio Storico Fiat, Torino, p. 68, 69; Heinrich Iffland, p. 73; Archiv für Kunst und Geschichte, Berlin, p. 79 derecha/*right*; Berenice Arbott, p. 83; David Murbach, p. 84; RMN © Bibliothèque de l'Institut de France, Paris, p. 86; Institut Française d'Architecture, Paris, p. 99, 100 arriba izquierda/*top left*; Le Corbusier © VEGAP, Barcelona 2005, p. 100, 103, 107, 121, 125, 128 abajo/*bottom*, 133; Albertina, Wien, p. 108, 109, 111, 112; Frank Lloyd Wright © VEGAP, Barcelona 2005, p. 114-115 arriba/*top*; © CORBIS, p. 114 abajo/*bottom*; © Theo van Doesburg, © VEGAP, Barcelona, 2005, p. 117 arriba/*top*; Arxiu Vic Carrera, "Carrer de la Ciutat", p. 117 abajo/*bottom*; © René Burri/Magnum, p. 128 arriba/*top*, 134; Hugues Bigo, p. 132 arriba/*top*; Lucien Hervé, Research Library, Getty Research Institute, Los Ángeles, p. 132 abajo/*bottom*; Laura Rosen, p. 137, 138; Fundación Alejandro de la Sota, Madrid, p. 141 arriba izquierda/*top left*, 143; Hisao Suzuki, p. 145, 154, 155; Lazlo Lugosi-Lugo, p. 147; Shinkenchiku-sha, p. 153, 169, 195; Herederos de Francisco Javier Sáenz de Oíza, p. 163, 165; Yoshio Takase, p. 168; Antonio Garbasso, p. 171, 173; Giorgio Casali, p. 172; Andreas Gabriel, p. 175 arriba/*top*; Jean Michel Landecy, p. 175 abajo/*bottom*; © Peter Aaron/Esto, p. 177, 179; Margherita Spiluttini, p. 183; Arxiu Català-Roca, p. 185, 187; Alberto Piovano, p. 189; Hans-Rücker-Co, p. 191, 193; Rik Klein Gotink, p. 197; Ari Marcopoulos, p. 199 arriba/*top*; Iván Bercedo, Jorge Mestre, p. 199 abajo/*bottom*; Marian Harders, p. 201, 203.